MARIE-AMÉLIE

ET

L'APOGÉE DU RÈGNE DE LOUIS-PHILIPPE

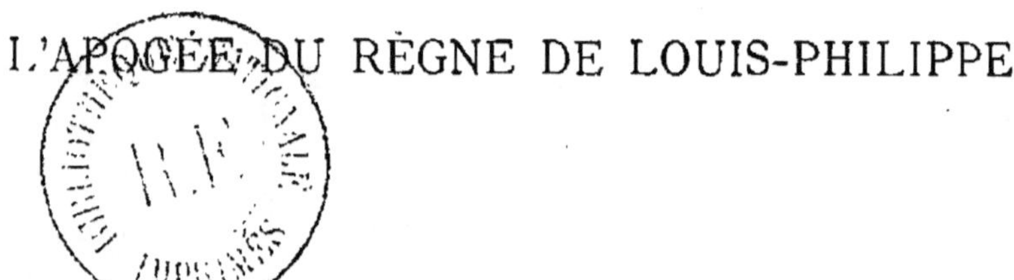

LIBRAIRIE DE E. DENTU, ÉDITEUR

OUVRAGES DU MÊME AUTEUR

LES FEMMES DE VERSAILLES

LES FEMMES DES TUILERIES

En préparation : LES FEMMES DES TUILERIES

MARIE-AMÉLIE

ET

L'APOGÉE DU RÈGNE DE LOUIS-PHILIPPE

PAR

IMBERT DE SAINT-AMAND

PARIS

E. DENTU, ÉDITEUR

3 et 5, Place de Valois, Palais-Royal.

—

1894

MARIE-AMÉLIE

ET

L'APOGÉE DU RÈGNE DE LOUIS-PHILIPPE

I

LE DEUIL DE LA FAMILLE ROYALE.

Marie-Amélie et sa famille étaient plongées dans une tristesse profonde. Frappée de stupeur par la mort de son fils, le duc d'Orléans, la pieuse reine, si habituée qu'elle fût à se courber sous la main de Dieu, devait faire un suprême effort pour ne point murmurer contre les décrets de la Providence. Elle prononçait, dans sa douleur, cette parole profondément chrétienne : « Je ne dirai pas : C'est trop. Mais c'est beaucoup. » Poursuivie jour et nuit par la crainte que son fils n'ait pas eu le temps de se reconnaître avant de paraître devant le tribunal divin, elle ne cessait de prier pour lui. Elle multipliait ses aumônes, ses pratiques pieuses, ses mortifications. Son chagrin, au lieu de l'irriter, la sanctifiait; elle essayait de le cacher au fond de son âme, pour ne point attrister outre mesure les personnes de son entourage.

M. Guizot a écrit : « Au retour de Dreux, et dans l'intérieur de la famille royale, un change-ment fut remarqué dans la physionomie et l'atti-tude de la reine; la douleur y restait empreinte, mais toute agitation, toute préoccupation exclu-sive avaient cessé; une résignation pieuse avait remplacé l'amertume des regrets; cette grande âme semblait se reporter tout entière sur les affections et les devoirs qui lui restaient. A Neuilly, la reine allait prier près du corps de son fils; la présence de ce corps était encore un lien; la sépulture à Dreux l'avait rompu, le sacrifice était accompli. La reine voulut l'offrir à Dieu, et le rendre plus complet encore en le manifestant moins. » Cependant elle ne parvenait pas à dis-simuler ce qu'elle souffrait, et quand son regard s'attachait sur les enfants de celui qui n'était plus, ses yeux se remplissaient de larmes. Le 25 no-vembre 1842, anniversaire du jour de son mariage, elle écrira : « J'ai bien remercié Dieu de la grâce qu'il m'a faite il y a aujourd'hui trente-trois ans. Mais ces anniversaires, jadis pour moi si heureux, sont devenus des joursde douleur. Je sens davan-tage tout ce que j'ai perdu. »

Les regrets que la mort du prince royal causait à toute l'Europe n'adoucissaient point le chagrin de sa mère; ils faisaient mieux comprendre encore l'étendue de la catastrophe. Dans une lettre adressée à la *Gazette d'Augsbourg*, Henri Heine s'exprimait ainsi : « Feu le duc d'Orléans reste sans cesse le sujet des conversations. Jamais la mort d'un homme n'a causé un deuil aussi général. C'est une chose remarquable qu'en France où la Révolution n'a pas encore discontinué de fermenter, l'amour d'un prince ait pu jeter de si profondes racines et se manifester d'une façon aussi touchante. Non seulement la bourgeoisie qui plaçait toutes ses espérances dans le jeune prince, mais aussi les classes inférieures regrettent sa perte... Pour la France, la fin prématurée du prince est un malheur réel; et eût-il même possédé moins de vertus, qu'on ne lui en reconnaît après sa mort, les Français auraient encore assez de sujets pour pleurer en songeant à l'avenir. »

Dans une lettre adressée à son frère, le 18 juillet 1842, lord Palmerston déclarait que la mort du duc d'Orléans était « une calamité pour la France et l'Europe », et, le même jour, le prince de Metternich écrivait à l'ambassadeur d'Autriche à Paris : « L'événement est l'un des plus graves auxquels puisse atteindre l'imagination; je lui reconnais toute la valeur d'une catastrophe. » Si les étrangers eux-mêmes s'exprimaient ainsi au sujet de la mort du prince royal, quels devaient être les sentiments de sa malheureuse mère!

Moins pieux que la reine, mais respectant comme elle les décrets de la Providence, le roi cherchait dans un travail assidu, acharné, une distraction à son chagrin. Loin de succomber sous le fardeau du malheur, il redoublait d'énergie et de courage. On lui savait gré de cette noble attitude, et les partis mettaient pour quelque temps une sourdine à leurs récriminations et à leurs invectives. C'est encore Henri Heine qui écrivait : « Louis-Philippe, quoique martyrisé et abreuvé de souffrances, se comporte avec une fermeté qui impose du respect à tout le monde. Dans l'adversité, il montre le véritable héroïsme. Son cœur saigne dans une douleur inouïe; mais son esprit reste indomptable, et il travaille jour et nuit. Jamais on n'a senti le prix de sa conservation plus profondément que dans ce moment où le repos du monde entier dépend de sa vie. Ne succombe pas sous tes blessures, et ne cesse pas de combattre, malheureux roi, vaillant héros de la paix! » Et le grand poète allemand concluait ainsi : « La bonté de cœur qui caractérise les Français se manifeste en cet instant tout particulièrement à l'égard de Louis-Philippe... J'oserais soutenir que le roi est présentement redevenu populaire. »

La duchesse d'Orléans excitait, elle aussi, la compassion de tous. « La reine, a écrit M. Auguste Trognon, n'était pas à ce point pleine de son propre malheur qu'elle n'en vît pas à côté d'elle un autre égal au sien, celui de l'infortunée duchesse d'Orléans. Tout au contraire, elle s'oublia elle-même autant qu'elle le put pour sa belle-fille, et lui prodigua les marques de la tendresse la plus délicate, et je ne crains pas d'ajouter la plus respectueuse. J'insiste sur ce dernier mot, et je ne crois point être trompé par ma mémoire, quand j'affirme que le veuvage de Mme la duchesse d'Orléans la revêtit alors, aux yeux de la reine, et aussi aux yeux du roi, d'une sorte de caractère sacré qui les mit dans l'attitude du respect devant elle. Les soins empressés dont ils l'entouraient, leur déférence pour tous ses désirs, leur tendre sollicitude pour ses enfants, tout concourut à la convaincre de leur volonté de remplacer pour elle, là où il y avait possibilité de le faire, celui qu'elle avait perdu. Lorsque la frêle santé du jeune duc de Chartres parut donner de sérieuses inquiétudes, la duchesse d'Orléans, en voyant la reine aussi agitée qu'elle l'était elle-même au lit de son fils, put se dire que si Dieu avait ôté son père à cet enfant, il lui avait laissé deux mères. »

Marie-Amélie et la duchesse d'Orléans, types accomplis l'une de la catholique, l'autre de la protestante, étaient deux grandes chrétiennes. La dévotion de l'une avait le caractère de celle des femmes du midi, la dévotion de l'autre avait quelque chose de biblique. Au début de son veuvage, la duchesse se plaignait de n'être point assez résignée, et se reprochait amèrement quelques murmures contre son sort. Elle écrivait à M. de Schubert, le 12 septembre 1842 : « La foi a sûrement le privilège d'entrevoir à l'avance la patrie des bienheureux ; mais la mienne est encore trop ébranlée pour pouvoir y jeter un regard assuré. La souffrance d'un cœur brisé, d'une vie brisée, la douleur où me plonge la pensée de mes enfants, de ma patrie, de l'avenir, est encore trop vive ; sa voix parle trop haut pour que je puisse entendre la voix du Seigneur. Par moments, il me semble bien ouïr une parole du royaume des morts ou plutôt du royaume des vivants, une parole descendue de la croix dans mon cœur blessé ; mais elle est bientôt étouffée par les lamentations de la vie. Dans ces luttes de mon âme, j'ai cependant gardé l'inaltérable conviction que les plus mystérieuses et les plus douloureuses dispositions de Dieu sont toujours un effet de son amour ; lorsque je ne pouvais même plus prier, j'ai cependant appris à lui offrir, chaque jour et à chaque heure, le sacrifice de mon ineffable douleur, en lui disant : Seigneur ! je renonce à lui. Tu l'as voulu, ainsi soit-il ! Priez avec nous pour moi, pour mes pauvres enfants ; demandez au Père des orphelins qu'il ait pitié d'eux. »

La malheureuse veuve devait beaucoup lutter pour arriver à cette résignation, car aucune femme n'avait été une épouse plus tendre. Elle avait aimé son mari non seulement par devoir, mais par passion, avec ardeur, avec enthousiasme, avec ivresse, autant qu'une femme peut aimer. Son bonheur n'avait duré que cinq ans, mais il avait été inestimable. Elle disait à son amie Mme de Both : « Je n'aurais pas donné mes cinq années de félicité si j'avais pu ainsi échapper aux souffrances qui ont été plus tard mon partage. » Se remémorant chaque jour de cette carrière de joies terminée par une horrible catastrophe, elle habitait, on peut le dire, avec l'âme de son mari mort. Le pavillon Marsan était devenu pour elle une sorte de sanctuaire. La chambre à coucher du prince, celle d'où il était parti pour aller mourir misérablement sur le Chemin de la Révolte, avait été laissée dans l'état où elle était ce jour-là. Sur le parquet, de chaque côté du fauteuil où il s'était assis pour la dernière fois, gisaient éparpillés les journaux du jour, qui tous portaient la date fatale : 13 juillet 1842. Sur la table se trouvait une assiette avec des restes de pain, — un pain rompu par des doigts qui allaient être si tôt raidis par la mort. Sur une commode, contre le mur, il y avait une rangée de chapeaux, avec des gants placés sur les bords — tous là pour que le prince pût les choisir, et un vide restait encore à l'endroit où avait été le chapeau dont il s'était servi. La chambre fermée à clef par ordre de la princesse ne devait être rouverte qu'au lendemain de la Révolution de 1848.

La duchesse d'Orléans avait l'âme sentimentale et poétique. Femme de cœur et femme d'imagination, elle trouvait jusque dans ses souffrances je ne sais quel charme douloureux, et n'oubliait point la parole de l'Evangile : « Bienheureux ceux qui pleurent parce qu'ils seront consolés. » De même que la reine, elle voulait qu'il n'y eût dans son chagrin rien d'aigre et de violent. Craignant d'attrister et d'inquiéter ses parents et ses amis, elle s'efforçait de rendre sa douleur aimable, et comme l'Andromaque d'Homère, elle souriait au milieu des pleurs.

II

LA LOI DE RÉGENCE.

Le duc d'Orléans avait, dans son testament, recommandé aux membres de sa famille de rester toujours unis. Cette prescription suprême fut scrupuleusement observée, et lorsqu'il s'agit de faire une loi de régence, aucune divergence de vues ne se manifesta dans la famille royale.

On n'avait envisagé l'éventualité d'une régence ni en 1814, ni en 1830. Mais, à la mort du duc d'Orléans, devant un roi presque septuagénaire et un prince héritier qui n'avait pas encore quatre ans, il fallut bien s'occuper de la question. C'était pour les conseillers de la Couronne, a dit M. Guizot, un devoir supérieur de la vider sans réserve, sans délai. Le duc de Broglie s'exprimait ainsi, dans son rapport à la Chambre des pairs : « A l'instant où la main de Dieu s'est appesantie sur nous, quand cette sagesse infinie, dont les voies ne sont pas nos voies, a frappé la nation dans le premier né de la maison royale, et moissonné dans sa fleur notre plus chère espérance, les cœurs se sont sentis glacés d'un secret effroi, l'anxiété publique s'est fait jour à travers les accents de la douleur; l'inquiétude était sur tous les fronts, en même temps que des larmes coulaient de tous les yeux. Chacun comptait dans sa pensée, quel nombre d'années sépare désormais l'héritier du trône de l'âge où il pourra saisir d'une main ferme le sceptre de son aïeul et l'épée de son père; chacun se demandait ce qu'il adviendrait d'ici là si les jours du roi n'étaient mesurés aux vœux de ses peuples et aux besoins de l'État; chacun interrogeait la Charte et regrettait son silence. » Cette lacune de la Charte, il s'agissait de la combler.

Deux combinaisons se présentaient au choix des législateurs : la régence masculine, c'est-à-dire celle du duc de Nemours, et la régence féminine, c'est-à-dire celle de la duchesse d'Orléans. Louis-Philippe et Marie-Amélie se prononcèrent pour la première sans un moment d'hésitation. Le duc de Nemours avait toujours été le plus respectueux, le plus dévoué des fils; le roi le considérait en politique comme son élève, comme le prince qui pourrait le mieux continuer à l'intérieur et à l'extérieur le système paternel. Quant à Marie-Amélie, le seul fait que sa belle-fille n'était pas catholique aurait suffi pour faire regarder par la reine une régence de la duchesse d'Orléans comme absolument impossible. Elle refusait à une protestante le droit de gouverner la nation que les papes appellent la fille aînée de l'Église. Que la France fût dirigée par un Bourbon tel que le duc de Nemours, c'était une chose toute naturelle aux yeux d'une souveraine doublement Bourbon par sa naissance et son mariage. Mais qu'une princesse de Mecklembourg fût préférée à un descendant de saint Louis, de Henri IV et de Louis XIV, c'est ce que Marie-Amélie n'aurait jamais voulu comprendre.

Du reste le duc d'Orléans lui-même s'était prononcé d'une manière formelle dans son testament ; après avoir rendu hommage aux qualités éminentes de sa femme et avoir exprimé le désir qu'elle demeurât sans contestation exclusivement chargée de l'éducation de ses enfants, il avait ajouté : « Si par malheur l'autorité du roi ne pouvait veiller sur mon fils aîné jusqu'à sa majorité, Hélène devrait empêcher que son nom fût prononcé pour la régence et désavouer hautement toute tentative qui se couvrirait de ce dangereux prétexte pour enlever la régence à mon frère Nemours, ou, à son défaut, à l'aîné de mes frères. » Que, plus tard, vers la fin du règne de Louis-Philippe, la duchesse d'Orléans ait partagé l'avis des députés de la gauche, qui pensaient que sa régence serait plus facilement acceptée que celle du duc de Nemours, beaucoup de personnes l'ont insinué; mais ce qui est certain c'est qu'en 1842, la duchesse n'eut pas un seul instant l'idée de soulever des prétentions qui, d'ailleurs, n'auraient pas eu la moindre chance de succès. Le témoignage de M. Dupin ne laisse à cet égard aucune espèce de doute. Le confident habituel de Louis-Philippe raconte dans ses *Mémoires*, que quatre jours après la mort du duc d'Orléans, le 17 juillet 1842, il fut introduit, à Neuilly, près du roi : « Sa Majesté, dit-il, vint à moi, me tendit la main, et m'embrassa en versant des pleurs. Le maréchal Soult était seul présent. On parla de la nécessité d'organiser au plus tôt la régence. Sur ces entrefaites, Mme la duchesse d'Orléans entra. Elle me fit lire la lettre autographe que son mari lui avait écrite d'Alger, et dans laquelle avec une sorte de pressentiment douloureux, il lui recommandait, s'il venait à mourir, de ne point revendiquer la régence. Je n'ai pas osé demander copie de cette lettre; mais les termes en étaient formels, et la résolution de Mme la duchesse d'Orléans de se conformer aux volontés de son jeune époux ne l'était pas moins. »

M. Guizot, tout en déclarant que la princesse « donnait à la France, à ses libertés comme à son honneur national, toutes les garanties qu'on peut attendre d'une intelligence élevée et d'une âme droite et grande », se prononçait, comme la famille royale, pour la régence du duc de Nemours. Il le considérait comme « un prince exempt de toute mauvaise ambition, aussi attaché au régime constitutionnel qu'à ses devoirs envers sa race, aussi plein de respect pour les lois de sa patrie que pour les droits de ses neveux ». Le ministre n'oubliait pas que le duc d'Orléans disait de son frère : « Nemours est le devoir personnifié ; je ne prends jamais une décision importante sans le consulter », et que le prince énumérant, dans son testament, les membres de sa famille, s'était exprimé en ces termes : « Je commence par Nemours parce qu'il sera le chef de la jeune famille ; je l'ai aimé encore plus qu'on aime un frère ; c'est avec la confiance que m'inspire son loyal caractère que je le vois chargé d'un avenir aussi grand que celui qui s'ouvre devant lui, et je sais qu'il justifiera la devise : *Uno avulso non deficit alter.* » M. Guizot pensait, d'ailleurs, que si le gouvernement d'une femme peut prendre place au sein d'une monarchie ancienne et bien établie, l'histoire n'offre pas d'exemple d'une dynastie nouvelle et encore contestée fondée par une femme au nom d'un enfant.

Le gouvernement jugea qu'il fallait régler la question non pour un cas spécial, mais une fois pour toutes, et que la loi salique devait être érigée en principe pour les régences, de même que pour les royautés. Il proposa donc une loi dont voici les trois articles principaux :

Art. 1ᵉʳ. Le roi est majeur à l'âge de dix-huit ans accomplis.

Art. 2. Lorsque le roi est mineur, le prince le plus proche du trône, dans l'ordre de succession établi par la déclaration et la charte de 1830, âgé de vingt et un ans accomplis, est investi de la régence pour toute la durée de la minorité.

Art. 6. La garde et la tutelle du roi mineur appartiennent à la reine ou la princesse sa mère, non remariée, et à son défaut à la reine ou princesse son aïeule paternelle également non remariée.

Tous les ministériels sans exception se montraient favorables au projet de loi. Mais beaucoup de membres de la gauche le combattaient, alléguant une soi-disant impopularité du duc de Nemours, et s'imaginant que la duchesse d'Orléans avait des idées plus libérales que celles de son beau-frère. Henri Heine écrivait, le 19 juillet 1842 : « La question de la régence occupe déjà toutes les têtes, et chose fâcheuse! non pas exclusivement les bonnes. On met déjà bien des non-sens sur le tapis. L'astuce sait aussi fomenter une confusion d'idées qu'elle se promet d'exploiter au profit de ses intérêts de parti. Le duc de Nemours jouit-il, en effet, de la très haute disgrâce du peuple souverain, comme on le soutient avec un zèle excessif? Je n'en veux pas juger. Encore moins suis-je tenté d'approfondir les motifs de sa disgrâce. L'air distingué, élégant, rêveur et patricien du prince est peut-être le principal grief qu'on a contre lui. L'extérieur du duc d'Orléans était noble, celui du duc de Nemours est nobiliaire. » Au fond, que pouvait-on articuler de sérieux contre un prince sans peur et sans reproche dont la modestie égalait le mérite? Il s'était glorieusement conduit au siège d'Anvers et aux deux expéditions de Constantine. Partout il avait fait son devoir. Partout, dans les camps comme dans les palais, il avait donné le bon exemple. Si les membres de l'opposition avancée l'attaquaient, c'est qu'ils voyaient en lui un homme pieux, un homme d'ordre et de principes qui ne transigerait jamais avec la révolution.

La discussion du projet de loi s'ouvrit à la Chambre des députés dans la séance du 18 août 1842. A la surprise de ses collègues, M. de Lamartine, qui, lors de la coalition, avait prêté aux conservateurs l'appui de son éloquence, se rangea du côté de la gauche et combattit avec elle le projet. Se posant en défenseur de la duchesse d'Orléans, il se prononça pour la régence élective et maternelle. « La loi salique, dit-il, a si peu régi la France qu'on a vu vingt-six régences de femmes dans notre histoire sur trente-deux régences en tout. Elle n'a jamais prévalu contre la loi de Dieu et de la nature qui dit qu'il n'y a que la mère qui ne puisse pas avoir un autre intérêt que celui de son fils... En cas de péril de la monarchie, n'avez-vous pas vu toujours qu'une femme et un enfant étaient des drapeaux qui passionnaient les troupes et leur commandaient des prodiges ? Faut-il vous rappeler Elisabeth de Russie couvrant de son corps son fils contre un poignard invisible devant ses Strélitz et le leur faisant couronner ? Avez-vous oublié le cri des Hongrois devant Marie-Thérèse élevant son fils dans ses bras à leurs yeux pour les entraîner au salut de l'empire, et le cri fameux de ces Hongrois : Mourons pour notre roi, Marie-Thérèse ? »

M. de Lamartine poussait la partialité pour une régence de la duchesse d'Orléans jusqu'à trouver avantageux que la princesse fût protestante. « Une femme d'une religion différente sur les premiers degrés du trône, disait-il, sera le plus rassurant symbole de la liberté des esprits, de l'inviolabilité des âmes. Voyez la Belgique si chrétienne, si passionnément catholique, se plaint-elle de son roi protestant ?... Oui, la liberté religieuse symbolisée dans la personne même chargée de représenter la tolérance dans un grand empire, c'est une des conditions les plus heureuses qui puissent arriver pour la dignité, pour la puissance même de la religion. »

Critiquant avec une véhémence extrême le projet du gouvernement, l'illustre poète terminait ainsi son discours : « Non, la loi que vous faites n'est ni conservatrice ni dynastique. On l'appelle conservatrice, et elle est grosse de révolutions ; on l'appelle dynastique, et elle est grosse d'usurpations. Elle chasse la mère du berceau, et y place le compétiteur et le rival. Messieurs, songez-y, ne faisons pas dire à la France, à l'Europe, à l'histoire qui nous regardent dans ce grand acte constitutif de notre monarchie nouvelle, ne leur faisons pas dire que la dynastie libérale, que la monarchie constitutionnelle, que la liberté en France n'ont pu vivre, s'établir, se maintenir aux conditions de régence des monarchies absolues des temps les plus barbares, et que pour l'affermir, pour l'enraciner dans le sol, il a fallu la loi qu'on vous propose, c'est-à-dire l'abdication du pouvoir national sur nous-mêmes, et dans les siècles qui nous suivront l'exclusion odieuse du droit de la maternité, en un mot, qu'il a fallu chasser la mère et toutes les mères, sinon du berceau, au moins des marches du trône de leur fils, et chasser les derniers vestiges du droit électif de nos institutions. »

On prétend que la duchesse d'Orléans, après avoir lu le discours de son défenseur inattendu, aurait dit : « Il n'a pas parlé pour moi, il a parlé contre le gouvernement. » La princesse aurait-elle prévu qu'un jour viendrait où il ferait tragiquement échouer la cause qu'il venait de soutenir ?

La nouvelle attitude du poète suggéra à la *Revue des Deux Mondes* des réflexions vraiment prophétiques. On lisait dans la Chronique de la quinzaine (1er septembre 1842) : « M. de Lamartine a quitté franchement, solennellement, le camp des conservateurs pour passer dans les rangs de la gauche. Nous avons peine à comprendre la surprise que plusieurs personnes ont témoignée. Ce qui nous aurait fort étonnés, c'est que l'auteur des *Méditations* et de la *Chute d'un ange* eût persévéré dans la même voie et consacré au parti conservateur ses forces et sa vie. Toute réalité le fatigue et l'ennuie. Il lui faut des images lointaines, des lueurs éblouissantes qui permettent de tout supposer, de tout rêver. Que pouvait lui offrir de séduisant le parti conservateur avec sa mesure, sa règle, son positif, avec un horizon dont les limites sont à dix pas de nous?... L'opposition, au contraire, lui offre quelque chose d'inconnu, un avenir couvert de nuages, percé par des éclairs; si ce n'est l'infini, du moins l'indéfini... Et il y a cela de particulier que lorsqu'il croira apercevoir des bornes, lorsque M. Barrot lui paraîtra trop positif, trop timide, trop gouvernemental, M. de Lamartine pourra se porter plus loin. » La révolution de 1848 n'est-elle pas tout entière dans cette prédiction?

M. Guizot monta tout de suite à la tribune pour répondre à M. de Lamartine. Il prononça des paroles réconfortantes pour la monarchie de Juillet, mais remplies d'illusions. « Oui, dit-il, la dynastie a essuyé un affreux malheur; mais de son malheur est sortie à l'instant la plus évidente démonstration de sa force, la plus éclatante consécration de son avenir. Plus l'épreuve qu'elle subissait a paru grave, plus la nécessité de sa présence et la grandeur de sa mission ont été vivement et universellement senties. Elle a reçu partout, chez nous, hors de chez nous, le baptême des larmes royales et populaires. Et le noble prince qui nous a été ravi a appris au monde, en nous quittant, combien sont déjà profonds et assurés les fondements de ce trône qu'il semblait destiné à affermir. Il y a là une joie digne encore de sa grande âme et de l'amour qu'il portait à sa patrie ». Parlant ensuite de la veuve du prince, le ministre s'exprima ainsi : « Je porte un trop profond respect à la noble princesse dont la pensée est ici dans tous les cœurs, et elle a l'esprit trop haut pour que je ne croie pas lui rendre l'hommage le plus digne d'elle en disant ce que je regarde comme la vérité et comme l'intérêt de ses fils aussi bien que du pays... Les femmes sont vouées à la famille, leur destinée c'est le développement individuel dans les affections de la vie sociale. Le pouvoir politique n'y entre pas naturellement. »

Enthousiasmé du discours de M. Guizot, Louis-Philippe lui écrivit : « Nous avons lu ce matin, en famille, votre admirable discours d'hier; les larmes ont coulé à l'exorde, et tous m'ont bien demandé de vous dire combien nous étions touchés. » Le roi, qui attachait une importance extrême à l'adoption du projet, ajoutait : « Ce qui me paraît essentiel, c'est que vous tâchiez de tout enlever rapidement demain, car ce serait le succès, et c'est le succès qui fait la gloire et la sécurité. La séance commençant à midi, si vous êtes en nombre dans le début, vous devez pouvoir prendre le pas accéléré. La Chambre doit être pressée, elle est française et s'animera si on lui sonne la charge, mais les troupes sont molles quand les généraux sont timides. Grâce à Dieu, vous ne l'êtes pas, et j'attendrai demain la victoire avec bonne confiance. » Tout devait être décidé dans cette séance du 20 août.

La majorité de la gauche se montrait hostile au projet; mais un de ses principaux chefs, M. Thiers, était résolu à le soutenir énergiquement. Persuadé qu'il ne tarderait point à revenir au pouvoir, le leader de l'opposition se sentait animé d'un grand zèle monarchique. Au dire de M. Duvergier de Hauranne, on ne peut se faire une idée de ce qu'il dépensa d'esprit, d'habileté, d'activité, avant l'ouverture du débat, pour ramener à son opinion les dissidents. Pendant quinze jours, son salon, son cabinet furent des clubs où il pérorait du matin au soir, sans jamais se lasser, sans jamais se décourager. Le 20 août, à la tribune, il parla comme le partisan le plus dévoué de la monarchie et de la dynastie, comme le conservateur, comme le *tory* le plus convaincu. « Rappelez-vous dit-il, que certains hommes m'ont reproché ce que je ne me reprocherai jamais, d'avoir voté pour l'hérédité de la pairie. Dans un temps où il était difficile de parler comme je le faisais, j'ai parlé pour l'hérédité de la pairie; cela doit vous dire à quel point je suis monarchique dans mes convictions. Quand je vois cet intérêt de la monarchie clair et distinct, j'y marche droit, quoi qu'il arrive, fussé-je seul, entendez-vous ? » M. Thiers termina ainsi un des discours les plus conservateurs qui aient jamais été prononcés. « Pour ma part, je ne vois que la contre-révolution derrière notre gouvernement; en avant, je vois un abîme; je reste sur le terrain où la charte nous a placés. Je conjure mes amis de venir faire sur ce terrain un travail d'hommes qui savent déjà édifier, et non pas un travail d'hommes qui ne savent que démolir ». M. Thiers était à peine descendu de la tribune que le projet fut adopté par la Chambre des députés à la majorité de 310 voix contre 94. Il le fut également par la Chambre des pairs, le 29 août, à la majorité de 163 voix contre 14. La question de la régence se trouvait ainsi réglée suivant les vœux de Louis-Philippe et de Marie-Amélie. Elle avait reçu la solution la plus monarchique, la plus conforme aux intérêts de la dynastie et à la politique conservatrice. Mais la reine ne se faisait pas d'illusions; elle savait que les lois ne remplacent pas les hommes, et que rien ne pouvait combler le vide immense laissé par la mort de son fils aîné. Comme l'a remarqué M. Guizot, le duc d'Orléans avait « ces qualités brillantes, confiantes et hardies qui, dans les jours de crise, plaisent aux

peuples agités et les rallient autour de leur chef ».
La reine avait le pressentiment qu'un jour de
péril suprême arriverait où le prince aurait pu seul
sauver la dynastie, et que sa mort si imprévue et
si fatale était une perte irréparable.

III

LA FIN DE 1842.

Dès que la loi de régence fut votée, les Chambres se séparèrent, et la session fut prorogée au 9 janvier 1843. Rien ne calme des esprits en France comme la séparation du parlement. Le pays montre alors que la plupart de ses agitations sont factices, et que, livré à lui-même, il n'aspirerait qu'au travail et à la sécurité. Pendant une période d'accalmie absolue qui dura quatre mois et demi rien ne troubla le recueillement et le deuil de la reine. Après l'étourdissement et la stupeur des premiers jours, on partit en septembre pour le château d'Eu, où l'on passa quelques semaines, puis on fit à Saint-Cloud l'établissement habituel des mois d'automne (7 octobre — 7 décembre 1842).

Il fut décidé que le prince de Joinville et le duc d'Aumale continueraient à ssevir la France,

l'un dans les expéditions maritimes, l'autre dans
les guerres d'Afrique, mais que la place du duc de
Nemours était désormais auprès de son père,
qu'il devait assister dans une partie des fonctions
extérieures de la royauté. C'est lui qui, avec la
charmante duchesse, visiterait les départements
et représenterait auprès des populations la personne royale. Le 21 août le prince assistait aux
grandes manœuvres de Strasbourg. Le régiment
de pontonniers jetait un pont de bateaux sur le
Rhin, de la rive française à celle du grand-duché
de Bade, où l'on apercevait un grand nombre
de villageois allemands. Le même jour, le duc de
Nemours avait été entendre la messe à la cathé-
drale. On lisait dans le *Moniteur* : « Le mélan-
colique recueillement qui se montrait sur sa phy
sionomie pendant le service divin ajoutait encore
à l'émotion générale. La prière de tout un peuple
invoquait le ciel pour le bonheur de la patrie et
de ses princes et pour la prolongation des jours
si précieux du roi. » Comme le duc revenait
des manœuvres, un certain nombre de jeunes
gens sortis à cheval pour y assister l'entourèrent
tout à coup, et prirent place dans son état-major.
Ce fut avec cette garde d'honneur improvisée
qu'il rentra dans les murs de Strasbourg, au milieu
des applaudissements. Quelques jours après, il
se rendait à ce camp de Saint-Omer pour lequel
son malheureux frère allait partir, quand une
mort si imprévue le frappa. « On ne saurait assez

honorer la mémoire du duc d'Orléans, dit-il aux autorités du Pas-de-Calais, ni lui donner assez de regrets ; pour moi le but constant de mes efforts sera de remplir tous mes devoirs avec dévoument, et de chercher à acquérir l'estime et l'affection dont mon frère était entouré. » Le duc de Nemours fut aussi bien reçu dans le Nord que dans l'Est.

Le duc d'Aumale, âgé de vingt ans, venait d'être nommé général, et s'apprêtait à partir pour l'Algérie. Le 29 septembre 1842, les chefs de corps des divers régiments de la garnison de Paris lui offrirent un dîner d'adieu. Le jeune prince répondit ainsi au toast porté en son honneur : « Messieurs, je vous remercie d'avoir bien voulu me recevoir avant mon départ et de m'avoir traité en camarade, parce que j'espère le rester toujours. Je le disais hier aux officiers de mon régiment (le 17ᵉ léger), le temps où j'ai été colonel sera sans doute le plus beau de ma vie ; je conserverai toujours un bien doux souvenir des bons rapports que nous avons eus ensemble, et vous, mes chers camarades, j'espère que vous me garderez un peu de cette affection que je serai si heureux de vous témoigner en tous lieux et en tous temps. Je suis charmé d'avoir pu apprécier tout le dévouement que vous apportez dans l'accomplissement de vos importantes fonctions, tout le zèle que vous mettez à conserver à la France une belle et bonne armée. Buvons ensemble à sa prospérité et à sa gloire. » Le duc d'Aumale et le prince de Joinville, qui allaien partir ensemble, prirent congé du roi et de la reine à Saint-Cloud ; Marie-Amélie leur dit adieu avec une émotion profonde. Les deux princes s'embarquèrent à Brest sur la *Belle-Poule*. Le 23 octobre 1842, ils arrivèrent à Lisbonne, où la reine et son mari leur firent un brillant accueil, et où ils se séparèrent le 13 novembre. Le prince de Joinville se dirigea vers la côte occidentale d'Afrique, théâtre habituel de la traite des noirs et de l'exercice, alors violemment attaqué, du droit de visite que pratiquait l'Angleterre. Le duc d'Aumale s'embarqua pour Alger où il arriva le 19 novembre. Appelé au commandement de la province de Médéah, il voulut entrer tout de suite en campagne, et, le lendemain même de son arrivée, il partit pour rejoindre à Blidah la colonne qui allait opérer contre le Chélif.

En France, l'année 1842 finissait dans la tranquillité. Le public, sans s'inquiéter des éventualités lointaines, ne pensait plus qu'à ses affaires. Le commerce et l'industrie prospéraient. Le baron de Barante écrivait à M. Guizot, le 9 octobre : « Le calme dont nous jouissons continue et semble prendre un caractère naturel et plus que transitoire. Je ne me souviens guère d'avoir vu un moment où il y eût tant de repos dans les esprits je dirai presque de sécurité dans le lendemain. » Telle était l'impression générale dans les sphères officielles. Mais d'autres observateurs, plus perspicaces, n'avaient qu'une confiance limitée. Tel était Henri Heine. Malgré sa sympathie pour le roi et la famille royale, le poète-prophète ne se laissait pas gagner par l'optimisme. Il écrivait, le 4 décembre 1842 : « Ici règne actuellement le plus grand calme. Une paix de lassitude, de somnolence et de bâillements d'ennui. Tout est silencieux comme dans une nuit d'hiver enveloppée de neige. Rien qu'un petit bruit mystérieux et monotone, comme des gouttes d'eau qui tombent. Ce sont les rentes des capitaux, tombant sans cesse, goutte à goutte, dans les coffres-forts des capitalistes, et les faisant presque déborder ; on entend distinctement la crue continuelle des richesses des riches. De temps en temps il se mêle à ce sourd clapotement quelque sanglot poussé à voix basse, le sanglot de l'indigence. Parfois aussi résonne un léger cliquetis, comme celui d'un couteau qu'on aiguise. »

Le 6 décembre, la duchesse d'Orléans se réinstalla au château des Tuileries. Elle y fut rejointe le lendemain par le roi, la reine et Madame Adélaïde, qui descendirent de voiture au pavillon Marsan, et voulurent, avant d'entrer dans leurs appartements, faire une visite à la malheureuse veuve du prince si regretté. La duchesse fut peu de jours après, très touchée d'un hommage rendu à la mémoire de son mari par un des chefs de l'opposition, M. Odilon Barrot. C'était le

29 décembre, à la réunion des anciens élèves
du collège Henri IV, au café Corazza. L'orateur
de la gauche s'exprima ainsi : « Mes chers camarades, vous étiez dans l'usage de célébrer cette
fête de famille par des refrains joyeux; vous y
avez renoncé, obéissant à un sentiment exquis de
convenance et à de douloureux regrets. Depuis
notre dernière réunion, une perte cruelle nous a
frappés, perte irréparable pour la France, plus
particulièrement douloureuse pour les élèves du
collège Henri IV, qui dans le duc d'Orléans
pleurent un camarade dont les affections de collège étaient restées vraies et pures. » M. Barrot
rappela ensuite combien elle était nombreuse
cette génération d'élèves qui avait siégé sur les
mêmes bancs, qui s'était associée à ses jeux, à
ses travaux, qui l'avait vu, jeune et dépositaire
d'une grande destinée, se préparer au milieu des
épreuves de la vie et de l'éducation communes, à
d'autres épreuves plus grandes et plus difficiles
auxquelles il était réservé, mais dont la Providence l'avait cruellement affranchi. « C'est au
milieu de cette génération, ajouta M. Barrot, qu'il
avait puisé ce sentiment si élevé de la dignité et
de l'honneur de notre pays, sentiment qui faisait
de ce prince l'objet de nos espérances, et qui fait
de sa mort un sujet de deuil universel. Pour
nous, Messieurs, le tribut de douleur que nous
payons à notre ancien condisciple est dégagé de
tout intérêt et même de toute préoccupation poli-

tique; il n'en est que plus pur et plus digne de lui. A la mémoire du duc d'Orléans! » Ces paroles furent accueillies par d'unanimes acclamations.

Le 31 décembre, quand les corps constitués se rendirent aux Tuileries pour souhaiter la bonne année au roi, le nom du prince fut prononcé dans tous les discours. Louis-Philippe, répondant à M. Villemain, ministre de l'instruction publique, lui dit : « J'ai perdu celui que j'avais envoyé le premier s'asseoir sur les bancs de nos écoles. Cet essai avait prouvé que c'est en vivant au milieu de ses contemporains qu'un prince peut apprendre à les connaître et à obtenir à la fois leur affection et leur suffrage. » A M. le comte Beugnot, qui avait parlé au nom de l'Institut, le souverain répondit : « Les succès que le fils que je pleure avait obtenus dans la carrière universitaire, et ses progrès dans les connaissances humaines pouvaient presque le faire considérer comme digne d'appartenir à votre illustre corps. Non moins brillant dans la carrière des armes, il avait conquis l'estime et l'affection de l'armée, comme celle de ses condisciples. La mort me l'a ravi au moment où il était devenu à la fois la consolation de mes vieux jours et l'espoir de la France. Animé pour vous des mêmes sentiments que moi, il aurait continué à suivre vos travaux avec le même intérêt; comme moi, il aurait joui de vos succès; il aurait senti combien la renommée de l'Institut ajoute à toutes les gloires de la France. »

On comprend combien l'évocation de pareils souvenirs devait produire d'impression dans l'âme de Marie-Amélie. Ce qui le toucha le plus ce fut l'allocution de l'archevêque de Paris. Le saint prélat trouva des paroles qui allèrent droit au cœur de la reine dont le plus ardent désir était une union durable entre la dynastie et l'Église. « Sire, dit-il, nous vous apportons des vœux bien empressés pour une vie devenue plus chère et plus précieuse à la France. Nous demandons à Dieu d'ajouter aux jours qu'il a si souvent protégés, des jours moins éprouvés, de longs jours, les jours de deux générations *dies super dies regis adjicies, et annos ejus usque in diem generationis et generationis* (psaume 60). Qu'ils soient heureux pour votre auguste famille, heureux pour l'Etat, heureux pour la religion. Reconnaissante du bien que vous lui avez fait, elle peut former encore des désirs ; mais il n'en est aucun dont l'accomplissement ne doive contribuer au bonheur de notre patrie. Daignez, Sire, agréer avec bonté cette respectueuse expression de nos sentiments et de nos hommages. » Jamais Louis-Philippe ne tint un langage plus conforme aux sentiments de la reine que dans cette réponse qu'il fit à l'archevêque : « Une des plus douces consolations que j'aie pu recevoir dans le malheur qui m'a accablé, c'est que le cercueil du fils que je pleure a été entouré des prières de la religion et de la douleur unanime du clergé. Je suis heureux (s'il m'était encore permis de me servir de cette expression) d'avoir cette occasion de témoigner au clergé de Paris et à son digne chef combien j'ai été sensible à ce pieux témoignage, et je ne puis que recommander de nouveau à vos prières ma personne, ma famille et la France. » Louis-Philippe se serait-il exprimé ainsi au lendemain de la Révolution de Juillet? Un bien grand changement s'était opéré dans les rapports de l'Église et de l'État. Marie-Amélie pouvait se féliciter des résultats que ses conseils et son influence avaient obtenus. Son mari venait de tenir un langage de roi très chrétien. La reine avait, d'ailleurs, plus besoin que jamais des secours religieux, car le temps seul n'aurait jamais adouci sa douleur. Les personnes qui venaient lui souhaiter une bonne année ne semblaient-elles pas lui faire un souhait ironique? Pouvait-il y avoir désormais une « bonne année » pour la mère qui pleurait son fils? Marie-Amélie suppliait Dieu de la prendre en pitié. Elle s'approchait des sacrements plus souvent que de coutume. Aux deux prêtres qui desservaient la chapelle des Tuileries elle avait ajouté un troisième chapelain, l'abbé Crabot, chargé de dire pour elle la messe tous les matins à huit heures. La pieuse reine savait que la terre ne pouvait plus lui être douce. Elle tournait ses regards du côté du ciel.

IV

LE MARIAGE DE LA PRINCESSE CLÉMENTINE.

Marie-Amélie allait être privée d'une de ses grandes consolations : la présence de sa fille, la princesse Clémentine. Née à Paris, au Palais-Royal, le 3 juin 1817, la princesse n'avait jamais quitté sa mère. Très sympathique et très aimable, elle s'était distinguée dès son enfance par le charme de son esprit, la vivacité de son intelligence et le don de se faire aimer de toutes les personnes qui l'approchaient. Jeune fille, Louis-Philippe avait pris l'habitude de l'entretenir de questions sérieuses et comptait son avis pour quelque chose. La princesse Clémentine était belle. Il y avait dans sa démarche et son maintien beaucoup de dignité, et ses traits comme ceux de son père, rappelaient le visage de Louis XIV.

Des trois filles du roi et de la reine des Français

l'aînée, la princesse Marie, duchesse de Wurtemberg, était morte prématurément, la seconde, la princesse Louise, occupait le trône de Belgique. Marie-Amélie, qui n'avait plus auprès d'elle que la troisième, la princesse Clémentine, la traitait comme une confidente et comme une amie.

La princesse Marie et la princesse Louise avaient épousé des protestants et leur mère n'avait pas été sans regretter cette dérogation à l'ancienne coutume qui interdisait les unions mixtes dans la maison de France. La reine se demandait parfois si un mariage avec une protestante n'avait pas porté malheur au duc d'Orléans. Ce qui l'avait surtout satisfaite dans le mariage du duc de Nemours c'est que la femme de ce prince était catholique. D'ailleurs, ce n'était pas seulement la communauté de religion qui faisait apprécier la duchesse de Nemours par la reine, la duchesse, aussi respectable que belle, était l'édification et l'ornement de la cour. Un frère de cette princesse accomplie, un catholique comme elle, le prince Auguste de Saxe-Cobourg-Gotha, épousa la princesse Clémentine. Ce que Marie-Amélie pensait de la sœur lui faisait bien augurer de l'avenir du frère. La reine ne se trompait pas. Elle avait choisi pour sa fille un époux qui en était digne.

Né le 13 juin 1818, le prince Auguste de Saxe-Cobourg-Gotha appartenait à une des plus illustres familles d'Allemagne, celle dont Ernest, duc régnant de Saxe-Cobourg-Gotha, né le 2 janvier 1784, était le chef.

Le duc Ernest avait un frère, le prince Ferdinand-George-Auguste, né le 28 mars 1785, marié le 2 janvier 1816, à Marie-Antoinette, fille du prince François-Joseph de Kohary. De ce mariage étaient issus :

1° Ferdinand-Auguste-François-Antoine, né le 29 octobre 1816, mari de la reine de Portugal, Maria II da Gloria.

2° Auguste-Louis-Victor, né le 13 juin 1818, qui épousa la princesse Clémentine.

3° Victoire-Auguste-Antoinette, née le 14 février 1823, mariée au duc de Nemours.

4° Léopold-François-Jules, né le 31 janvier 1824.

Le duc Ernest, souverain de Saxe-Cobourg-Gotha avait, en outre, une sœur, Marie-Louise-Victoire, née le 17 août 1786, veuve en premières noces du prince Erich de Leiningen, remariée au duc de Kent, mère de la reine d'Angleterre Victoria, et un frère, Léopold Ier, roi des Belges, né le 16 décembre 1790.

Le prince qui allait épouser la princesse Clémentine était donc neveu du duc régnant de Saxe-Cobourg-Gotha, de la duchesse de Kent et du roi des Belges. Il était frère du roi de Portugal et de la duchesse de Nemours, et cousin germain du prince Albert, le mari de la reine Victoria.

Le mariage du duc de Nemours (27 avril 1840)

et celui de la princesse Clémentine (20 avril 1843) furent célébrés dans ce château de Saint-Cloud, dont il ne reste plus même les ruines. On suivit pour les deux solennités le même cérémonial, et les deux fois ce fut l'évêque de Versailles qui donna la bénédiction nuptiale aux époux. Mais en raison de la mort récente du duc d'Orléans, les invitations furent moins nombreuses pour le mariage de la princesse Clémentine, que pour celui du duc de Nemours. La cérémonie eut lieu à neuf heures du soir. Comme le remarquait le *Journal des Débats*, « le roi avait voulu qu'elle fût grave et simple, que rien ne la fît ressembler à une fête, et ceux qui ont pu voir, pendant le cours de cette soirée, l'émotion pleine de grâce qui se peignait sur les traits de la royale mariée savent si le vœu de la princesse était en cela d'accord avec les intentions du roi son père. » A neuf heures du soir, Louis-Philippe sortit du salon de famille pour se rendre dans la galerie d'Apollon disposée pour la célébration du mariage civil. Le roi donnait le bras à la princesse Clémentine, et le prince de Saxe-Cobourg-Gotha à la reine. Venaient ensuite : le roi des Belges, oncle du marié, et la reine Christine, mère de la reine d'Espagne Isabelle ; le prince Ferdinand de Saxe-Cobourg-Gotha, père du marié, et la reine des Belges ; le duc et la duchesse de Nemours ; le duc de Montpensier et Mme Adélaïde, sœur de Louis-Philippe ; le duc Alexandre de Wurtemberg, veuf de la princesse

Marie d'Orléans, et la princesse héréditaire de
Saxe-Cobourg-Gotha; le prince Léopold, frère
du marié. Le prince de Joinville et le duc d'Aumale étaient « absents pour le service du roi ».
Les témoins furent, pour le marié le baron Koen-
neritz, ministre plénipotentiaire du roi de Saxe
à Paris, et le marquis de Rumigny, ambassadeur
de France à Bruxelles; pour la mariée le baron
Séguier, premier vice-président de la Chambre
des Pairs, le maréchal comte Gérard et le maréchal comte Sébastiani. Les fonctions d'officier
de l'état civil étaient remplies par le baron Pas-
quier, chancelier de France, assisté du duc Decazes, grand référendaire de la Chambre des
Pairs. Les dames d'honneur et les dames de
Leurs Majestés et de Leurs Altesses Royales, les
aides de camp, les officiers d'ordonnance de Leurs
Majestés espagnoles et belges et de Leurs Altesses
Sérénissimes les princes de Cobourg se tenaient
derrière le roi des Français et sa famille. Le
chancelier, après avoir pris les ordres du roi,
donna lecture à haut voix de l'acte de mariage,
et les questions d'usage furent faites par lui con-
formément à l'article 75 du Code civil. Après les
réponses et les signatures de l'acte, le roi donna
le bras à la princesse Clémentine, et l'on se dirigea vers la chapelle. L'évêque de Versailles,
après avoir adressé aux époux quelques paroles
pleines d'onction, célébra le mariage religieux. Les
cordons du poële étaient tenus par le duc de

Montpensier et le prince Léopold de Saxe-Cobourg-Gotha. Le marié prit ensuite le bras de sa jeune femme, et remonta avec elle dans le grand salon du roi, précédant le souverain, et traversant la haie des invités qui s'était formée sur leur passage. Au dire du *Journal des Débats*, « chacun admirait la vive et douce physionomie du prince, la modestie pleine de charme et la touchante émotion de la princesse, et ceux qui savaient tout ce qu'il y avait d'inaltérable bonheur dans l'union contractée il y a trois ans, presque jour pour jour, par M. le duc de Nemours, se disaient que le mariage conclu par la troisième fille du roi, objet de tant d'affection et de légitime orgueil, avec le frère de Mme la duchesse de Nemours, était aussi un événement heureux pour elle et que la famille royale de France avait le droit de s'en féliciter. »

La duchesse d'Orléans, retenue par son deuil, ne fut point présente à la cérémonie du mariage de sa belle-sœur. Mais tous les yeux et tous les cœurs marquaient la place qu'elle y aurait occupée. Que de regrets, quelle tristesse envahissaient son âme ! Le duc d'Orléans aimait tant sa sœur Clémentine, dont il avait tellement désiré le mariage ! Il en parlait encore avec sa mère, à Neuilly, la veille de sa mort, et il aurait éprouvé une si grande joie d'y assister ! La duchesse d'Orléans, qui s'était mariée, à Fontainebleau, le 30 mai 1837, allait bientôt célébrer le sixième anniversaire d'une union qui avait été si heureuse hélas ! et si courte. Le bonheur de sa belle-sœur lui fit faire un retour sur elle-même. Elle écrivit alors des pages bien touchantes que la marquise d'Harcourt a reproduites dans le bel ouvrage consacré à la mémoire de la princesse : « Voici ma belle-sœur mariée. Vous aurez su que je n'ai pas eu le courage d'assister à la cérémonie du mariage. J'ai été plusieurs fois à Saint-Cloud pour revoir ma bonne Louise (la reine des Belges). Je l'aime tant que j'irais je ne sais où pour la retrouver. La reine et Victoire (la duchesse de Nemours) me firent du bien par leur affection si vive, si tendre ! Toute la famille me toucha, je sentais que chacun souffrait pour moi. Mon cœur était à Fontainebleau, dans le passé. J'entendais un son frapper à mon cœur, un son qui parlait de consolation, d'éternité, de revoir. J'ai passé la nuit à écrire, à penser... Je me suis décidée à paraître au salon, ce qui me coûte horriblement ; hier, les compliments de condoléance d'un général m'ont fait éclater, cela m'arrive souvent ; je ne reste pas longtemps, mais je vois que le roi et la reine sont aises du parti que j'ai pris, et cela doit alléger le mal que je ressens. » La princesse fit un grand effort sur elle-même, en admettant quelques personnes au pavillon Marsan, ce sanctuaire de sa douleur. « J'ai dû recevoir, écrivait-elle, les ministres et les personnes de la maison avec Paris ; c'était le soir ; les appartements où il avait brillé si souvent semblaient de nouveau animés. Ils étaient de nouveau éclairés comme jadis, tout avait l'aspect de fête, mais quelle fête, hélas! Au milieu de ce monde, il n'y avait qu'une pensée, qu'un regret, et, au-dessus de toutes ces têtes qui s'élevaient autour de moi, paraît une figure noble et chérie, le portrait du prince fait par M. Ingres, et placé dans mon salon; c'est sous son regard que doivent se passer tous mes actes. »

Quelle différence pour la princesse entre le printemps de 1837 et celui de 1843! Comme la pensée de Dante s'appliquait à cette veuve véritablement veuve : « Il n'y a point de plus grande douleur que de se rappeler dans le malheur le temps heureux ! » Écoutons les plaintes poétiques de la femme dont le cœur est brisé. « Les beaux jours du printemps font sourire mes enfants, et me font à moi, un mal affreux. Cette saison, il l'aimait tant! Nous faisions des promenades ensemble, nous allions rejoindre les enfants à Neuilly. Là, il me faisait des bouquets des premières fleurs; il ne voulait plus en mettre lui-même à sa boutonnière comme jadis : « Ce n'est « pas assez grave pour un homme qui a passé « trente ans ». Il faisait sortir les enfants toute la journée, et quand je les faisais rentrer, il me disait en riant : « Tu crois que les enfants « sont bien quand ils sont sous ton regard. » Nous dînions quelquefois à cinq heures, pour sortir en voiture après dîner. Nous passions la soirée, dans ce jardin de Neuilly, à faire d'énormes bouquets. Nous rentrions à neuf heures, on causait, on devisait de tous les sujets graves et sérieux du moment. La politique du jour nous menait au sujet favori, à la grandeur morale de la France, à son influence dans le monde, à sa défense, à sa position isolée, à la valeur morale du peuple; je sentais l'ardeur infatigable de cet esprit, et le calme, et le sang-froid avec lequel il jugeait son pays, sa position et son avenir. » La princesse admirait et chérissait plus que jamais celui qui n'était plus. Quand brillait un beau jour, la clarté du soleil n'avait pas pour elle d'autre effet que de contraster avec les ténèbres de son âme : « Voilà encore un printemps, encore cet air doux qu'il respirait si volontiers, ces fleurs, ces oiseaux qu'il observait, qu'il me faisait remarquer; encore ces enfants si heureux qui courent dans la prairie. Mais tout est changé. Ce monde n'est plus le même pour moi. Ce ciel, ce soleil n'ont plus d'éclat, ou plutôt leur éclat me fait mal, je voudrais me cacher, ne pas voir ce réveil qui ne réveille que ma douleur. » La nature, cette grande consolatrice, ne consolait pas la duchesse.

La princesse Clémentine resta quelques jours à Saint-Cloud, après son mariage, pour pouvoir souhaiter la fête de son père, la Saint-Philippe, qui est célébrée le 1ᵉʳ mai. Le 30 avril, les corps constitués vinrent offrir leurs vœux au souverain. Il y eut dans leurs discours des allusions au mariage de la princesse et aux vertus de la reine. Après avoir parlé de « cette éducation religieuse, qui est la vie de l'âme », le comte Portalis, premier président de la Cour de Cassation, ajouta : « Dans le sanctuaire domestique, à l'ombre de votre trône, au sein de votre maison, Sire, une union que le ciel bénira promet le bonheur qu'elle mérite à une jeune princesse digne de votre amour et fidèle à suivre les traces de son auguste mère dans la pratique de toutes les vertus. » Le comte de Rambuteau, préfet de la Seine, rendit aussi hommage à la reine, « l'auguste modèle que la Providence a voulu montrer sur le trône aux regards de toutes les mères. » Il y eut entre l'archevêque de Paris et Louis-Philippe un échange de paroles dont Marie-Amélie fut pleinement satisfaite. L'archevêque avait dit : « Puisse la religion répandre sur la France toutes les grâces dont elle est la source! Puisse-t-elle faire pénétrer son esprit de sagesse, sa vérité, ses nobles et pures inspirations dans les lettres, dans les sciences philosophiques, et dans l'instruction qui y prépare, et exercer ainsi une influence utile à leurs progrès, nécessaire aux intérêts les plus sacrés de notre patrie. Vous nous pardonnerez, Sire, d'associer ces pensées dignes de votre haute intelligence et de votre religieuse sollicitude aux vœux que nous formons pour vous, aux prières par lesquelles la France appelle sur Votre Majesté la bénédiction du ciel. » Il y eut dans la réponse du roi une phrase que la reine elle-même aurait pu prononcer. « Je fais des vœux pour que la religion contribue de plus en plus à améliorer les hommes, en exerçant sur l'enfance, comme sur l'âge mûr, cette influence salutaire qui les affermit dans la voie de la piété, de la morale et de la vertu. »

On était entré dans ce mois de mai où la duchesse d'Orléans allait célébrer un anniversaire, naguère si doux pour elle. Le 26, elle écrivait à sa belle-mère, la duchesse douairière de Mecklembourg-Schwérin : « Vous avez raison de croire que ce mois qui se terminait par le plus beau jour de ma vie me fait repasser par toutes les comparaisons les plus déchirantes. Ce soir, il y a six ans, je vis pour la dernière fois le coucher du soleil sur la terre natale. La confiance qui m'avait animée pendant tout le voyage me manqua un moment. Je ne sais si vous vous rappelez la peine que vous eûtes alors à me remettre, à me donner courage. Je n'oublierai jamais l'impression que j'éprouvai, ce dernier soir passé en Allemagne. Je sentais, au milieu de l'espoir qui m'animait, une douleur indéfinissable que j'attribuais alors à la solennité du moment, et qui me semble aujourd'hui comme un pressentiment de mon malheur; mais, si mon malheur est immense, mon bonheur a été sans pareil... Je tâche de devenir reconnaissante, non seulement des biens qui me restent encore, mais de ceux que j'ai possédés. » La princesse Clémentine avait l'espérance, la duchesse d'Orléans le souvenir.

V

LE MARIAGE DU PRINCE DE JOINVILLE

Onze jours après le mariage de la princesse Clémentine fut célébrée dans la famille royale une autre union qui ne fut pas moins agréable à la reine.

Nous avons laissé le prince de Joinville à Lisbonne, en novembre 1842, au moment où son frère, le duc d'Aumale, le quittait pour se rendre en Algérie, tandis que lui-même allait se diriger vers le Sénégal. Le 28 mars 1843, le prince, à bord de la *Belle-Poule*, entrait dans la rade de Rio-Janeiro.

Le lendemain la dépêche suivante était adressée à M. Guizot par le baron de Langsdorff, ministre de France au Brésil : « Le prince de Joinville est arrivé hier à midi, et a été salué par les batteries de tous les forts de l'artillerie entière des bâtiments français. On commençait à s'inquiéter de la prolongation de son séjour à la côte d'Afrique dans la saison des fièvres et des orages; sa santé est excellente, et il ne paraît point fatigué de cette rude campagne. Le ministre des affaires étrangères est allé immédiatement à bord de la *Belle-Poule* complimenter Son Altesse Royale, et le majordome impérial lui a offert au nom de l'Empereur les appartements du palais de ville qu'Elle a déjà habités. Hier, à dix heures, le prince, accompagné de son aide de camp et du ministre du roi, s'est rendu, dans les voitures de la cour au palais Saint-Christophe. L'Empereur l'attendait, et, après les premières félicitations, lui a remis le grand cordon du Cruzeiro, que le prince a porté pendant le reste de la visite. Après un entretien particulier assez court, Sa Majesté a conduit Mgr le prince de Joinville chez la princesse Françoise. Ce matin à dix heures, l'Empereur a rendu au Prince, à bord de la *Belle-Poule*, la visite qu'il avait reçue la veille. A une heure, le Prince s'est rendu au Palais de ville, où il a reçu les hommages du corps diplomatique, dont les membres m'avaient presque tous écrit pour demander cet honneur. Son Altesse Royale, après avoir accepté une collation au palais, s'est retirée à bord de la frégate. Nous avons maintenant en rade les frégates la *Belle-Poule* et la *Cléopâtre*, le vaisseau la *Ville de Marseille*, et les deux corvettes la *Coquette* et l'*Alcmène*. »

Le souverain du Brésil était alors un jeune

empereur de dix-sept ans, Don Pedro II, ce monarque savant et philosophe, artiste et poëte, dont la glorieuse carrière a fini dans l'exil et le chagrin, mais dont le règne fut si long et si brillant. Depuis les premières années du siècle, l'histoire du Brésil avait été très troublée. Chassée de l'Europe par Napoléon, la maison de Bragance, qui régnait sur le Portugal et sur le Brésil, vint se fixer à Rio-Janeiro en 1807, mais elle n'y resta que jusqu'en 1821. Son retour à Lisbonne amena une révolution au Brésil. Ce pays se déclara indépendant en 1822, se donna une constitution, et élut pour empereur Don Pedro Ier, fils du roi de Portugal Jean VI. Quand la mort de Jean VI eut laissé, en 1826, les deux trônes à Don Pedro Ier, ce prince céda le Portugal à sa fille Dona Maria, ne gardant pour lui que le Brésil. Fatigué de lutter contre une opposition toujours croissante, il abdiqua, le 7 avril 1831, en faveur de son fils don Pedro II, âgé de cinq ans. Don Pedro II régna sous tutelle jusqu'au 23 juillet 1840, époque où, âgé de quatorze ans, il prit en mains lui-même les rênes du gouvernement. Le 18 juillet 1841, il fut solennellement couronné. Le jeune empereur unissait à une rare intelligence un grand patriotisme. Il lui fallut une précoce sagesse pour gouverner un pays tourmenté jusque-là par les révolutions. Grâce à lui, le Brésil entra dans une période de progrès et de prospérité, et le système constitutionnel, avec une Chambre de députés élus pour quatre ans et un Sénat de membres nommés à vie, y fonctionna régulièrement.

Au moment où le prince de Joinville arriva à Rio, la famille impériale de Brésil se composait des personnes suivantes :

L'empereur, Don Pedro II, né le 2 décembre 1825, fils de l'empereur Don Pedro Ier, mort en 1834, et de l'archiduchesse Léopoldine, morte en 1826, fille de l'empereur d'Autriche François Ier et de l'impératrice Thérèse, princesse des Deux-Siciles.

Sœurs de l'empereur Don Pedro II :

1° Maria da Gloria, née le 4 avril 1819, reine de Portugal depuis le 2 mai 1826, veuve le 28 mai 1835 du duc de Leuchtenberg, fils du prince Eugène de Beauharnais, remariée le 1er janvier 1836, au prince Ferdinand de Saxe-Cobourg-Gotha (frère du mari de la princesse Clémentine d'Orléans).

2° Januaria, née le 11 mars 1821, princesse impériale et héritière présomptive de la couronne du Brésil.

3° Françoise, née le 2 août 1824, qui allait épouser le prince de Joinville.

4° Marie-Amélie, née le 1er décembre 1831.

Impératrice douairière, belle-mère
de l'Empereur :

Amélie-Auguste-Eugénie, fille du prince Eugène de Beauharnais, née le 31 juillet 1812, seconde femme de l'Empereur don Pedro Ier, veuve de ce prince depuis le 24 septembre 1834.

Le prince de Joinville ayant demandé la main de la princesse du Brésil, sa demande fut tout de suite agréée. Un lien de parenté unissait les fiancés, comme on peut le voir par ce petit tableau généalogique.

Ferdinand 1er, *roi des Deux-Siciles,*
et Marie-Caroline.

L'impératrice d'Autriche Thérèse.	La reine Marie-Amélie.
Léopoldine, impératrice du Brésil.	Le prince de Joinville.
La princesse Françoise.	

La reine Marie-Amélie était donc la grand'-tante de la princesse Françoise qui allait devenir sa bru et cette princesse était la cousine de son fiancé, sa parente au cinquième degré.

Malgré ses sentiments d'humilité chrétienne, la reine des Français était fière de sa race. Elle se félicitait de penser que sa belle-fille, une Bragance, était, comme elle-même, une fervente catholique, et avait, comme elle, du sang de Bourbon et du sang de Habsbourg dans les veines.

Le mariage si vivement désiré par Marie-Amélie, fut célébré à Rio, le 1er mai 1843. Dans une dépêche du 3 mai le ministre de France au Brésil donnait les détails suivants : « A défaut de l'amiral Massien de Clerval, retenu devant Montevideo par les affaires du blocus, le Prince avait désigné pour ses témoins le plus ancien capitaine de la rade, M. Nonay, commandant de la *Ville de Marseille*, et M. Touchard, son aide de camp. Les témoins pour la princesse étaient le baron de Mont-Alègre, président du Sénat, et le vicomte d'Olinda, sénateur, ancien régent de l'Empire. La bénédiction nuptiale a été donnée par l'évêque de Rio-Janeiro. Les dispenses avaient été accordées préalablement en vertu des pouvoirs extraordinaires dont sont investis par le Saint-Siège les évêques d'Outre-Mer. Nous nous sommes mis en règle vis-à-vis de la Cour de Rome, en nous adressant d'abord au Nonce ; celui-ci nous a garanti l'étendue des pouvoirs conférés à l'évêque de Rio-Janeiro. » Le 3 mai, l'empereur, en ouvrant la session des Chambres, consacra le premier paragraphe de son discours au mariage du prince de Joinville. « J'ai, dit-il, la satisfaction de vous annoncer que, le 1er de ce mois, le mariage de ma bien-aimée sœur, la princesse Françoise, avec S. A. R. le prince de Joinville, a été célébré dans cette capitale. J'ai donné avec d'autant plus de plaisir mon consentement à cette alliance qu'elle contribuera, j'en suis sûr, à resserrer les liens de bienveillance et d'amitié réciproques qui existent déjà entre le Brésil et la France. »

Les Chambres brésiliennes dotèrent avec munificence la princesse de Joinville. Elle apporta, par contrat de mariage à son époux, une dot très supérieure à celles qu'il est d'usage de donner, même dans les pays de droit absolu, aux filles de rois qui se marient à l'étranger. Cette dot se composait d'un million en argent comptant, de 150,000 francs de rente sur le 6 o/o brésilien, et de vingt-cinq lieues carrées dans la fertile province de Sainte-Catherine. La princesse possédait, en outre, une fortune privée de 25,000 francs de rente. Ses diamants valaient deux cent mille francs. L'empereur du Brésil avait donné, sur sa cassette, trois cent mille francs pour le trousseau de sa sœur.

Le prince de Joinville, très heureux du mariage qu'il venait de conclure, et charmé par la grâce et les qualités de la princesse, passa quelques jours avec elle au palais de Saint-Christophe. Le 13 mai, tous deux s'embarquèrent pour la France à bord de la frégate la *Belle-Poule*. Le prince était populaire, et l'on s'associa en France à sa joie. On lui savait gré de s'être engagé dans la marine dès son enfance, d'avoir passé son examen en public, gagné sa croix de la Légion d'honneur et ses grades par des actions d'éclat, supporté les mêmes fatigues et bravé les mêmes dangers que les matelots fils de prolétaires. On appréciait son esprit vif et primesautier, son caractère généreux et chevaleresque, son libéralisme sincère, son profond dévouement pour la France, à laquelle il consacrait toute son existence, préférant le rude métier de marin à toutes les élégances et à tous les plaisirs de Paris et de la cour. Ses exploits à Saint-Jean d'Ulloa et à la Vera-Cruz avaient eu un grand retentissement, et il revenait de Brésil en France à bord de la frégate sur laquelle il avait ramené de Sainte-Hélène les cendres de Napoléon.

La princesse de Joinville allait recevoir le plus sympathique accueil dans sa nouvelle patrie. Le *Journal des Débats* faisait de la jeune mariée ce portrait ressemblant : « Descendante des Bragance, la princesse de Joinville en a le cœur noble et dévoué. Française, elle est fière de l'adoption qui l'a fait monter sur une des marches du trône de Juillet, à côté du prince qui en est un des fermes soutiens. Femme, elle a tous les agréments de son sexe, toutes les grâces que la jeunesse ajoute à la beauté. Vive et intelligente, pleine de franchise, d'expansion et de bienveillance, personne ne s'étonnera qu'elle ait si vivement et de si loin attiré la sympathie d'un prince dans lequel ces qualités brillent à un si haut point, et on félicitera la dynastie du bon accord que ces heureux dons de l'âme doivent si naturellement établir entre la jeune fiancée et sa nouvelle famille. Mme la princesse de Joinville a la taille élégante, le front haut, les yeux d'une rare beauté. Sa physionomie est tour à tour d'une gravité noble ou d'une vivacité radieuse. Nous allons tout dire en un mot : la princesse ressemble, jusqu'à faire illusion, à la duchesse Marie de Wurtemberg. C'est son front, sa dignité douce, ce sont les lignes si pures de cette tête charmante. » Marie-Amélie attendait avec impatience sa nouvelle belle-fille. Elle devait l'accueillir avec une joie profonde.

VI

L'ARRIVÉE DU DUC D'AUMALE EN ALGÉRIE

Le duc d'Aumale, après avoir fait ses adieux au prince de Joinville à Lisbonne, s'était embarqué pour l'Algérie à bord de *l'Asmodée*, le 13 novembre 1842. Le général Bugeaud lui avait écrit quelques semaines auparavant : « Ce n'est pas tant le prince qu'on accueillera avec une vive satisfaction ; c'est l'officier général qu'on a vu, oubliant son rang, vouloir partager les fatigues et les dangers comme s'il eût été un soldat parvenu. » C'était la troisième fois que le duc d'Aumale venait combattre sous les drapeaux de l'armée d'Afrique. Il y avait fait, en 1840, ses premières armes, à l'âge de dix-huit ans, comme chef de bataillon, lors de la sanglante expédition de Médeah. Il y était retourné en 1841, et s'y était distingué comme colonel du 17e léger. « Je vous prierai, écrivait-il alors au général Bugeaud, de ne m'épargner ni fatigues, ni quoi que ce soit. Je suis jeune et robuste, et, en vrai cadet de Gascogne, il faut que je gagne mes éperons. Je ne vous demande qu'une chose c'est de ne pas oublier le régiment du duc d'Aumale, quand il y aura des coups à recevoir et à donner. » Et le gouverneur général avait répondu : « Vous ne voulez pas être ménagé, mon prince, je n'en eus jamais la pensée. Je vous ferai votre juste part de fatigues et de dangers ; vous saurez vous-même vous faire votre part de gloire. » Le prince revenait, en 1842, comme général. Il débarqua à Alger, le 19 novembre, au milieu des salves d'artillerie. Toutes les troupes étaient sous les armes, en grande tenue.

Le prince remit au gouverneur une lettre du roi : « Saint-Cloud, 6 octobre 1842. Mon cher général, c'est mon bien-aimé fils le duc d'Aumale qui vous remettra cette lettre. Il va reprendre sous vos ordres le service que vous lui avez fait commencer si glorieusement. Quelle que soit la peine que j'éprouve de voir mes enfants s'éloigner de moi, peine douloureusement aggravée par la perte de ce fils chéri qui avait aussi glorieusement et tant de fois combattu en Afrique, leur zèle et leur empressement à rejoindre nos drapeaux, partout où ils peuvent s'associer à la gloire de notre brave armée, sont une des plus douces consolations que je puisse trouver au malheur qui m'accable. J'espère que l'armée d'Afrique reportera sur mon fils d'Aumale l'affection si vive qu'elle avait vouée à son frère aîné et qu'il continuera à partager avec celui que la Providence m'a conservé, mon bien-aimé fils le duc de Ne mours. » Le général Bugeaud répondit au roi en ces termes : « Alger 20 novembre 1842. La lettre dont Votre Majesté m'a profondément honoré m'a été remise hier au soir, par son fils bien-aimé, S. A. R. le duc d'Aumale. Après avoir placé en mes mains une armée et le soin d'une grande conquête, Votre Majesté me confie un Fils de France. C'est me combler d'estime, mais c'est aussi me charger d'une immense responsabilité. J'en serais effrayé, si je ne sentais dans mon dévouement les forces nécessaires pour remplir vos espérances patriotiques et paternelles... Nous partons aujourd'hui pour opérer contre le Chelif et la Mina. Le duc d'Aumale, avant de débarquer m'avait déclaré qu'il voulait en être. J'y ai consenti d'autant plus volontiers que sa santé m'a paru parfaite. » Vingt-quatre heures après son débarquement, le duc d'Aumale rejoignait la colonne expéditionnaire à Blidah. Il se faisait remarquer par d'heureux coups de main dans les environs de Médéah, et s'emparait de la khasna, c'est-à-dire du trésor militaire de Ben-Allal, l'un des principaux lieutenants d'Abd-el-Kader. Le général Bugeaud lui écrivait : « Vous avez dépassé nos espérances ; la jeunesse est heureuse quand elle est sage et habile. » Le moment approchait où le prince allait avoir l'occasion de justifier d'une manière éclatante cet éloge.

Au printemps de 1843, la France possédait toutes les places centrales du Tell, ainsi que toutes celles du littoral. Abd-el-Kader était rejeté dans la région des hauts plateaux. Depuis que ses deux citadelles, Tackdempt et Boghar, lui avaient été enlevées, l'émir n'avait plus d'autre base d'opérations que sa smala.

La smala, mot qui n'a point d'équivalent en français, pourrait être ainsi définie : réunion considérable d'individus avec l'idée de locomotion, quelque chose comme l'*agmen* des Romains. C'était la capitale errante d'un empire nomade. Elle comprenait, avec une agglomération de quarante mille âmes, la famille de l'émir, le siège de son gouvernement, ses approvisionnements, ses richesses. Plus tard, Abd-el-Kader, interné à Toulon, en fera ainsi la description au général Daumas : « Ma smala renfermait des armuriers, des selliers, des tailleurs, tous les ouvriers nécessaires à notre organisation. Il s'y tenait un immense marché fréquenté par les Arabes de la lisière du Tell. Quant aux grains, ou ils nous étaient apportés, ou nous allions nous en approvisionner dans les tribus du nord. L'ordre du campement était parfaitement réglé. Quand j'avais dressé ma tente, chacun connaissait l'emplacement qu'il devait occuper. Autour de moi, de ma famille, de mon petit trésor, j'avais toujours trois cents ou quatre cents fantassins réguliers, mes *Khialas*, et puis les Hachem d'Ehgris, qui m'étaient dévoués plus que les autres. » Quand l'émir était obligé de s'éloigner, il confiait la surveillance de la smala à son ami le plus sûr, le plus fidèle, son khalifa Mustapha ben Thami.

Le colonel Yusuf avait dit : « Les Arabes ne sont forts que parce qu'ils sont insaisissables, et parce qu'ils croient et font croire à tout le pays que, pour échapper à nos atteintes, il leur suffit de s'enfoncer dans le sud. Donc s'emparer de la smala d'Abd-el-Kader, c'est ruiner à la fois et sa puissance et son prestige. » Les établissements fixes de l'émir étaient ruinés. Le seul moyen de le dompter, c'était de lui enlever sa capitale mobile. A la fin du mois d'avril 1843, certains indices donnèrent lieu de penser que la smala était au sud de Tiaret et de Boghar. Le général Bugeaud donna l'ordre au général de Lamoricière et au duc d'Aumale de se lancer à sa poursuite, les deux colonnes commandées par eux devant agir séparément. Le général Changarnier écrivit alors au jeune prince : « Je suis heureux de la belle mission que vous avez à remplir, et plein d'espoir que vous ferez tout ce qu'il peut y avoir de brillant dans la guerre actuelle. »

Le 1er mai, le fils du roi Louis-Philippe donnait à Médéah un grand dîner pour la fête de son père. Le lendemain, il partait avec la colonne expéditionnaire placée sous ses ordres. Il avait pour premier aide de camp le commandant Jamin (mort général de division, après avoir commandé en second l'expédition de Chine); pour second aide de camp le capitaine de Beaufort d'Hautpoul (mort général de division, après avoir occupé les fonctions de chef d'état-major général à la deuxième armée de la défense de Paris) ; pour officier d'ordonnance le capitaine de Marguenat (tué le 16 août 1870, à la bataille de Gravelotte). Le prince avait rassemblé à Boghar des vivres et des moyens de transport. « Le 10 mai, a-t-il dit dans son rapport, je quittai ce poste avec treize cents baïonnettes des 33ᵉ et 64ᵉ de ligne et des zouaves, six cents chevaux, tant spahis que chasseurs et gendarmes, une section d'artillerie de montagne et un approvisionnement de vingt jours en vivres et en orge, porté par un convoi de huit cents chameaux et mulets. Je laissais à Boghar assez de vivres pour ravitailler au besoin la colonne, et une petite garnison de deux cent cinquante hommes commandée par le capitaine de génie Mottet, officier plein de ressources et d'intelligence, qui devait y terminer quelques travaux indispensables. Mon but était d'atteindre la smala d'Abd-el-Kader, soit en agissant de concert avec M. de Lamoricière, soit en opérant seul, si des circonstances politiques retenaient cet officier général dans la province de Mascara. » La colonne expéditionnaire était ainsi composée :

1° Deux bataillons du 33ᵉ et du 64ᵉ de ligne commandés par le colonel Camon (qui a commandé plus tard la division des voltigeurs de la garde impériale);

2° Un bataillon de zouaves: lieutenant-colonel de Chasseloup-Laubat;

3° Quatre escadrons du 4° de chasseurs d'Afrique: lieutenant-colonel Morris;

4° Un escadron du 1er de chasseurs d'Afrique: lieutenant Litchlin;

5° Quatre escadrons de spahis : colonel Yusuf.

6° Un détachement de gendarmerie: lieutenant Grosjean;

7° Deux sections d'artillerie de montagne : capitaine Aubac;

8° Un goum de trois cents cavaliers arabes commandé par l'agha Amar-ben-Ferhatt, qui marchait en éclaireur.

Écoutons le récit d'un témoin oculaire, l'un des héros des guerres d'Afrique, le général du Barail, alors sous-lieutenant de spahis : « Nous allâmes d'abord toucher barre à Boghar... Puis nous piquâmes droit dans le sud, sans objectif déterminé. On savait bien que la smala existait ; mais personne ne pouvait, ne voulait ou n'osait dire où elle était. On avait espéré recueillir en route les renseignements indispensables, mais le vide se faisait devant la colonne. Les populations semblaient s'être évanouies et nous cheminions sous le soleil, à travers l'espace immense des plaines de sable ondulées, çà et là coupées de champs d'alfa, sans rencontrer un piéton, un cavalier, un chien. »

Le 14 mai, après une marche de nuit, on cerna

le petit village de Goudjila, situé sur une colline abrupte, et peuplé d'artisans que leur profession mettait en rapports continuels avec la smala. On en arrêta quelques-uns, qui dirent qu'elle devait se trouver à environ quinze lieues au sud-ouest.

Le 15, à trois heures du matin, on se remit en route dans cette direction. Après avoir marché presque toute la journée, on prit deux heures de repos. Puis on repartit à huit heures du soir, et malgré le simoun qui faisait rage, on marcha toute la nuit. On se croyait sur la trace de la smala. Il fallait l'atteindre à tout prix. Peut-être se dirigeait-elle du côté de Taguine, où se trouve une source abondante. Si on ne l'y rencontrait pas, du moins les troupes qui traversaient un pays désert, sans une goutte d'eau, pourraient se désaltérer. Pour surprendre la smala, il fallait ne pas perdre une minute. Dans son impatience d'arriver, le duc d'Aumale avait divisé la colonne en deux parties; l'une, sous son commandement direct, était essentiellement mobile et se composait de la cavalerie, de l'artillerie et des zouaves auxquels il avait attaché cent cinquante mulets pour porter les sacs et les hommes fatigués. L'autre, formée de deux bataillons d'infanterie et de cinquante chevaux, devait escorter le convoi sous les ordres du colonel Chadeysson. On s'avançait ainsi dans un terrain complètement inconnu, sans savoir si les indications recueillies à Gondjila étaient exactes, et si l'on parviendrait jamais à découvrir cette insaisissable smala que, malgré leur ardeur, des officiers sceptiques considéraient comme un fantôme ou comme un mirage du désert.

VII

LA PRISE DE LA SMALA

16 mai 1843. Six heures du matin. Le duc d'Aumale fait prendre le trot à toute la cavalerie. La colonne se trouve alors fractionnée en trois tronçons : la cavalerie, les zouaves et l'artillerie, l'infanterie et le convoi. Les cinq cents cavaliers commandés par le prince, s'avancent dans l'ordre suivant :

Le capitaine Durrieu, chargé du service de la topographie et des guides; à côté de lui l'agha Amar-ben-Ferhatt, suivi de son goum; à gauche, formant le premier échelon, sous les ordres du commandant d'Allonville, quatre escadrons de spahis; auprès d'eux le colonel Yusuf, avec deux de ses officiers : le lieutenant Fleury (plus tard général de division, grand écuyer de Napoléon III) et le sous-lieutenant du Barail (plus tard général de division et ministre de la guerre sous la présidence du maréchal de Mac-Mahon);

A deux cents pas en arrière et à droite, le deuxième échelon formé par les chasseurs d'Afrique et les gendarmes sous le commandement du lieutenant-colonel Morris ;

Entre les deux échelons le duc d'Aumale avec son état-major, un porte-fanion et un interprète.

Huit heures du matin. La cavalerie, après trois heures de trot, fait une halte. Malgré son empire sur lui-même, le prince a de la peine à dissimuler ses préoccupations. Cette marche forcée sera-t-elle fructueuse ? Peut-être aboutira-t-elle à une déception, peut-être à une catastrophe. Trouvera-t-on la smala, et, si on la trouve, pourra-t-on l'attaquer utilement avec si peu de cavaliers ? On marche presque sans interruption depuis vingt-neuf heures. Hommes et chevaux sont brisés de fatigue. Il n'y a pas une goutte d'eau à boire. La chaleur est extrême. Le peu de vent qui souffle vient du sud, il est embrasé. La discipline empêche seule l'inquiétude, le mécontentement, les critiques de se manifester. Ils sont rares ceux qui croient encore au succès de l'entreprise. Ne doit-on pas s'estimer heureux si l'on évite une catastrophe ? Le jeune prince se rend compte de la responsabilité qui pèse sur lui. S'il échoue, comme on l'accusera d'imprudence et de témérité ! Les forces humaines ont des limites. On meurt de soif. Il faut arriver le plus vite possible à la source de Taguine. Quant à s'emparer de la Smala on n'en a plus guère l'espérance. On se remet en route. D'après le récit du général du Barail, le duc d'Aumale a dit : « Je veux aller à l'eau, je ne veux pas autre chose. »

Onze heures du matin. — Les spahis, qui ont pris de l'avance sur les chasseurs d'Afrique, aperçoivent un nuage de poussière dans le lointain, ils se demandent ce que cela peut être, quand tout à coup quelques-uns des cavaliers du goum, qui galopent en tête, pour éclairer la marche, s'arrêtent derrière la crête d'un petit monticule. Puis l'un d'eux revient à fond de train vers le colonel Yusuf. « Fuyez, s'écrie-t-il, fuyez, quand vous le pouvez encore. Ils sont là, tout près, derrière le mamelon. S'ils vous voient, vous êtes perdus. Ils sont soixante-mille, et rien qu'avec des bâtons, ils vous tueront comme des lièvres qu'on chasse. »

« Allons, calme-toi, répond froidement le colonel. Raconte-moi bien ce que tu as vu. » Puis, après s'être fait répéter avec plus de précision l'état des choses. « Laissons l'escorte, dit-il, au lieutenant Fleury, et vous, du Barail, courez prévenir le prince de ce qui se passe. Priez-le d'avancer au galop. » Et voici que le colonel Yusuf, l'agha Amar-ben-Ferrhatt, et deux maréchaux des logis indigènes, partent comme l'éclair. En quelques minutes ils arrivent sur le point culminant du mamelon. Un spectacle saisissant se déroule à leurs pieds.

C'est la smala qui apparaît. Elle vient d'arriver à la source de Taguine, où elle commence à dresser les tentes. Tout est encore pêle-mêle. A la lorgnette, on distingue les armes des réguliers qui président à l'assiette du campement. Hommes, femmes, enfants, chevaux, troupeaux, tout s'agite. Des milliers de chameaux et de mulets sont encore chargés de bagages. Ceux qui sont déjà soulagés de leur fardeau se répandent sur les bords de la source.

Yusuf redescend la côte au galop, et va raconter au duc d'Aumale ce qu'il vient de voir. Lisons le rapport du prince : « Il n'y avait pas à hésiter ; les zouaves, que le lieutenant-colonel Chasseloup amenait rapidement avec l'ambulance du docteur Beuret et l'artillerie du capitaine Aubac, ne pouvaient pas, malgré toute leur énergie, arriver avant deux heures ; et une demi-heure de plus, les femmes et les troupeaux étaient hors de notre portée, les nombreux combattants de cette ville de tentes auraient eu le temps de se rallier et de s'entendre ; le succès devenait improbable, et notre situation très critique. Aussi, malgré les prières des Arabes qui, frappés de notre petit nombre et de la grande quantité de nos ennemis, me suppliaient d'attendre l'infanterie, je me décidai à attaquer immédiatement. » En vain l'agha se jette à bas de son cheval, et dit au duc d'Aumale dont il embrasse le genou : « Par la tête de ton père, ne fais pas de folie!... » En vain le commandant Jamin, à qui le roi a donné spécialement mission de veiller sur le prince, fait valoir sa responsabilité et insiste pour que l'attaque soit différée jusqu'à l'arrivée de l'infanterie. A tous les conseils de prudence le descendant de Henri IV répond par cette seule phrase : « Les hommes de ma race ne reculent pas », et il ordonne la charge.

Heureusement, Abd-el-Kader n'est point dans sa smala. Il dira plus tard au général Daumas : « Je me trouvais, moi, du côté de Tackdempt, observant la division d'Oran, qui était dans le voisinage, et que je croyais avoir le plus à redouter. J'avais avec moi quinze ou seize cents cavaliers; mais je n'avais pas cru avoir à me méfier du côté de Médéah, et aucun de meskhalifas ne surveillait le fils du roi. Malgré cela, nous n'eussions pas été surpris si Dieu n'avait pas aveuglé les sorciers. Mais en voyant arriver vos spahis avec leurs burnous rouges, on crut dans la smala que c'étaient mes *khialas* qui rentraient avec moi. Les femmes poussaient des cris de joie en notre honneur; elles ne furent désabusées que lorsque les premiers coups de fusil partirent. Ce fut alors une confusion inexprimable, qui annihila les efforts de ceux qui voulaient se défendre. Si je m'étais trouvé là, nous aurions combattu pour nos femmes, pour nos enfants. Et vous eussiez sans doute vu un grand jour. Mais Dieu ne l'a pas voulu. »

La charge a commencé, impétueuse, foudroyante. Yusuf est à la tête des spahis. Le duc d'Aumale à la tête des chasseurs d'Afrique. « Je réponds, dira le général du Barail, qu'aucun de nous n'était plus fatigué, et que nos chevaux eux-mêmes avaient oublié les trente-deux heures de marche qu'ils avaient dans les jambes. » Les assaillants ne sont que cinq cents pour attaquer les cinq mille réguliers de l'Émir qui vont défendre la smala. Mais comment résister à la furie française? C'est comme une trombe, un ouragan. Les spahis se précipitent, tête baissée, au milieu des tentes. Ce n'est pas une bataille en règle, mais une série de combats individuels, de corps à corps. On culbute et on sabre tout ce qui tente de résister, mais on ne frappe que les combattants. Le duc d'Aumale dira dans son rapport : « Il faudrait vous raconter mille traits de courage, mille épisodes de cette lutte qui dura plus d'une heure. Vous connaissez, mon général, le colonel Yusuf et le lieutenant-colonel Morris ; vous connaissez leur brillant courage et leur intelligence militaire ; mais je n'hésiterais pas à vous dire qu'ils se sont montrés en ce jour au-dessus de leur réputation... Dans les spahis, je vous citerai le chef d'escadrons d'Allonville, le lieutenant Fleury, le sous-lieutenant du Barail. » La victoire est complète. Les réguliers de l'Émir sont tués ou dispersés. Quatre drapeaux, un canon, deux affûts, un butin immense, des populations et des troupeaux considérables sont tombés aux mains des vainqueurs. « La stupeur s'empara de tout le monde, dira un régulier; elle immobilisa les mouvements même des plus braves. Le désordre fit naître la déroute. Nous étions, d'ailleurs, étourdis par les cris des femmes, des enfants, des mourants, des blessés; mais quand, après notre reddition, nous pûmes reconnaître le petit nombre des vainqueurs, le rouge de la honte nous couvrit le visage ». Trois cents cadavres arabes gisaient sur le sol, tandis que les vainqueurs n'ont eu que neuf tués et douze blessés.

Tout est fini quand arrivent les zouaves et l'artillerie vers une heure, et à quatre heures les bataillons de ligne et le convoi. Ils ont fait trente lieues en trente-six heures sans avoir laissé en arrière ni un homme ni un mulet.

En furetant dans une tente, les spahis y ont découvert des armes françaises d'une grande valeur. Ce sont celles dont le roi Louis-Philippe avait fait présent à Abd-el-Kader, en 1837, lors de la signature du traité de la Tafna. Le soir, les soldats se rangent dans le camp, les officiers forment le cercle, ayant au milieu d'eux le duc d'Aumale. Les tambours battent aux champs, et le colonel Yusuf remet solennellement les armes de l'Émir au fils du roi.

Le 17 mai, on fait séjour, on rassemble les troupeaux; on brûle les tentes et tout le butin qu'on ne peut emporter. Le 18, on se remet en route. La marche est lente. Les étapes, marquées par l'eau, sont longues. Il faut, avec dix-huit cents hommes, escorter une population considérable prise à la smala, ramener d'innombrables troupeaux, et garder une force disponible pour repousser une attaque, au cas où Abd-el-Kader, prévenu en temps utile, viendrait venger un tel désastre. Après sept jours de marche on arrive enfin à Médéah, sans avoir eu à combattre une seule fois pendant le trajet. Une nuit seulement, quelques coups de feu ont été échangés. Quatre ans plus tard, le duc d'Aumale, causant avec l'Émir prisonnier, l'interrogea sur cette fusillade: « J'étais là en personne, lui répondra Abd-el-Kader : je t'ai guetté, tâté pendant vingt-quatre heures, et je te félicite de la manière dont tu t'étais gardé. »

Avant de rentrer à Médéah, le prince a rédigé son rapport, le 20 mai, au bivouac de Chabouniah sur l'Oued-Erk. Après avoir lu ce document, le général Bugeaud a écrit sur-le-champ au prince : « Je reçois votre rapport du 20 mai. Répandu dans le camp, il y a produit des transports que je n'essaierai pas de vous décrire. On n'était pas seulement enivré de ces succès pour l'influence qu'ils doivent avoir sur la destinée du grand œuvre que nous poursuivons;

mais encore parce qu'ils étaient obtenus par le Fils du Roi, que l'armée chérissait déjà et qu'elle honore aujourd'hui... Dans la poursuite de la smala, quelles que fussent les dispositions prises, il fallait encore une faveur de la fortune pour saisir cette agrégation si bien avertie, si mobile, si bien défendue. Eh bien, la fortune n'y a été presque pour rien. Vous devez la victoire à votre résolution, à la détermination de vos sous-ordres, à l'impétuosité de l'attaque... Il est des cas où il faut être prudent et mesuré, où il faut manœuvrer avec ordre et ensemble, c'est quand on trouve un ennemi bien préparé, fort et bien échelonné. Il en est d'autres où il faut l'élan et la rapidité d'exécution, sans s'occuper beaucoup de l'ordre. L'affaire de Taguine était dans cette dernière classe ; vous l'avez compris à l'instant, et c'est là surtout ce qui fait le grand mérite de cette action. »

Dès que la nouvelle fut connue en France, elle y produisit l'impression la plus heureuse. Le duc d'Aumale avait l'âge qu'avait le Grand Condé lors de la bataille de Rocroy. Comme le héros du siècle de Louis XIV, il avait « calmé les courages émus, et joint au plaisir de vaincre celui de pardonner. » On célébrait un coup d'essai qui avait été un coup de maître, et l'on redisait la phrase de Bossuet : « C'en serait assez pour illustrer une autre vie que la sienne ; mais pour lui c'est le premier pas de sa course. » Marie-

Amélie était justement fière de son fils. Elle lisait et relisait avec émotion le rapport sobre et concis dans lequel il donnait aux autres tant d'éloges et parlait si peu de lui-même. « Je jouis plus encore de son humanité et de sa modestie, disait la reine, que de son courage et de sa résolution, qui pourtant ont été jolis à vingt et un ans ! » *Audaces fortuna juvat !* Là où la prudence aurait échoué, la témérité avait réussi. Les félicitations arrivaient de toutes parts au duc d'Aumale. Le maréchal Soult louait « la parfaite combinaison de ses mouvements, sa hardiesse d'exécution, son coup d'œil exercé ». Le général de Lamoricière lui écrivait : « Vous avez porté à la puissance de l'Émir ie coup le plus rude qu'elle pût recevoir. » On pouvait appliquer au jeune prince la parole de Vauvenargues : « Les feux de l'aurore ne sont pas aussi doux que les premiers regards de la gloire. »

VIII

LE RETOUR DES PRINCES.

Marie-Amélie attendait avec impatience le moment où elle aurait la joie de revoir le prince de Joinville et le duc d'Aumale. Il lui tardait de les féliciter, l'un de son mariage, l'autre de sa victoire.

Le 23 juin 1843, le duc d'Aumale quittait Médéah pour rentrer en France. La population lui fit des adieux pleins de cordialité. Les autorités et les officiers l'accompagnèrent jusqu'à quatre lieues de la ville. A cet endroit, où campait un bataillon de travailleurs du 33° de ligne, il s'arrêta pour déjeuner. Les officiers et les soldats lui offrirent une couronne de lauriers. On lui disait : « Nous sommes affligés de vous voir partir. Revenez vite pour nous conduire encore à la victoire. » A une demi-lieue du camp, sur le flanc de la nouvelle route de la Chiffa, ouvrage digne des Romains, le prince trouva cette inscription gravée dans le roc : « Brigade de S. A. R. le duc d'Aumale. 33ᵉ de ligne. 1843. » Le soir il arrivait à Blidah, aussi triste que l'était son escorte, rentrant sans lui, à Médéah, à la même heure.

Avant de quitter l'Afrique, le prince voulut visiter le village de Saint-Ferdinand, ainsi appelé en l'honneur de son frère le duc d'Orléans, dont Ferdinand était le prénom, et il y accepta un déjeuner offert par le général de Bar. La table, de trente couverts, était placée sous d'épais figuiers, et les convives apercevaient à l'horizon la plage de Sidi-Ferruch, où l'armée française avait débarqué en 1830. Vingt et une salves saluèrent le prince. Ce n'étaient pas des salves d'artillerie — il n'y avait pas de canons à Saint-Ferdinand — c'étaient vingt et une mines que l'on fit sauter successivement. Plusieurs toasts furent portés. Le chef de la colonie s'exprima ainsi : « Au général qui, si jeune encore, a marqué son début dans la carrière par des faits d'armes qu'envieraient nos plus braves et nos plus vieux capitaines. Au digne fils du héros de Jemmapes, roi si cher à la France ; à l'un des plus fermes soutiens de l'Algérie, au duc d'Aumale ! » Le lendemain, 27 juin, le prince s'embarquait, à Alger, à bord de l'*Asmodee*. Le 29, il entrait dans la rade de Marseille, et mettait pied à terre sur la Canebière, au milieu d'une foule compacte, qui poussait des vivats, et qui applaudissait. Aux félicitations du maire, il répondit : « Je n'ai fait que mon devoir ; ma vie tout entière est consacrée au service de la France. » Le soir, il assistait à une représentation du Grand-Théâtre, où une pièce de vers composée en son honneur par Autran, le poète marseillais, souleva des transports d'enthousiasme.

Le prince devait arriver à Paris le 3 juillet. La veille on célébra, aux Invalides, une cérémonie militaire qui fut comme le prélude de son retour. Le général Durosnel, aide de camp du roi, remit au gouverneur les quatre drapeaux pris par le duc d'Aumale au combat de Taguine (la prise de la Smala). Ils furent reçus par le général Petit, le vaillant officier immortalisé par les adieux de Fontainebleau. « Mes camarades, dit le général Durosnel, le roi vous envoie et confie à votre garde ces trophées conquis à l'armée d'Afrique par S. A. R. Mgr le duc d'Aumale au combat de Taguine. Vous avez applaudi à ce beau fait d'armes, ordonné par le prince sans hésitation, et exécuté par lui à la tête d'une minime partie de ses troupes avec la valeur la plus brillante. Vive le roi ! Vive notre brave armée d'Afrique ! » Puis, en présence du clergé, les quatre drapeaux furent suspendus aux voûtes de la chapelle des Invalides.

Le duc d'Aumale arriva à Paris, le 3 juillet. Le duc de Nemours et le duc de Montpensier étaient allés à sa rencontre jusqu'à Fontainebleau. Les trois princes se rendirent immédiatement à Neuilly, où le roi et la reine les attendaient, et où la réunion de famille fut remplie d'effusion. Le 7 juillet, le duc d'Aumale était promu au grade de lieutenant général.

Hélas! il n'y a point de joies sans nuages ici-bas. Le prince victorieux songeait à celui qui n'était pas là pour le recevoir, celui qui avait guidé ses premiers pas dans la carrière des armes, celui qui avait été son maître, son chef et son ami, celui qui aurait été si heureux de ses succès, celui dont le testament contenait cette mention prophétique : « Mon frère Aumale, s'il développe par des travaux sérieux et élevés tout ce dont il a le germe en lui, pourra rendre de bien grands services à la France. » Le jour anniversaire de la mort du duc d'Orléans, le duc d'Aumale se rendit, avec toute la famille royale, à Dreux, pour prier sur la tombe du prince dont il avait trouvé le souvenir si vivace et la mémoire si honorée en Algérie.

Le lendemain 14 juillet, la duchesse d'Orléans écrivait, de Dreux : « Mon âme qui, en arrivant ici, était abattue et desséchée comme une terre déserte, se trouve fortifiée, remontée... Je criai vers Dieu en me rapprochant d'ici : — Ne me laisse pas défaillir; ne laisse pas mon âme au désespoir comme naguère, où seule, devant cette tombe, je ne vis que le néant de cette existence où l'éternité resta voilée. — Dieu a eu pitié de moi, il m'a fait la grâce de pouvoir pleurer des larmes douces, et je dirai presque des larmes de joie. Mon cœur a été pénétré de cet avenir de félicité éternelle; il me semblait être déjà enlevée au monde, à ma

douleur; il me semblait être en rapport avec cette
âme bien aimée, et goûter en partie cette félicité
qu'elle respire. Paix, joie, lumière, miséricorde,
louanges à ce Dieu mille fois miséricordieux! »
Et cependant la femme qui s'exprimait ainsi venait
de passer par des émotions bien cruelles. « Les
jours précédents, écrivait-elle encore, ont été
terribles... Le 10 où je fus inaugurer par mes
larmes et mes prières cette chapelle où le malheur
de ma vie s'est accompli (la chapelle Saint-Ferdinand, construite à la place même où est mort le
duc d'Orléans); le 11, jour de l'inauguration
solennelle; le 12, jour de notre pèlerinage à Dreux;
j'ai souffert mille morts, et j'étais dans un acca-
blement affreux, jusqu'à ce que dans le caveau
j'aie retrouvé le Seigneur. Maintenant je me sens
en paix avec lui, avec ma croix, avec mon avenir
sur cette terre. Dimanche j'irai communier à
dix heures, à Paris, pour demander encore au
Seigneur l'affermissement de mon âme dans cette
paix, dans cette foi que rien ne devrait plus
troubler. »

Le premier anniversaire de la mort de son fils
avait fait verser bien des larmes à la reine. A la
fin du même mois, elle eut une grande consolation : le retour du prince de Joinville, qui revenait du Brésil, accompagné de sa jeune et charmante femme. Tous deux, à bord de la *Belle-
Poule*, entraient le 23 juillet dans le port de
Brest, salués par l'artillerie des vaisseaux en rade

et par celle des batteries de terre. Dès qu'ils eurent débarqué ils se rendirent à l'église paroissiale de Brest pour remercier Dieu de leur heureuse traversée et entendre la messe. La garde nationale, les troupes de terre et de mer formaient la haie sur leur passage. Une foule de dames garnissaient les fenêtres, dont un grand nombre étaient pavoisées. Le prince et la princesse furent reçus au portail par le clergé. Après la messe, ils allèrent à l'hôtel de la Préfecture, où des jeunes filles de la ville offrirent à la princesse une corbeille de fleurs. Elle embrassa celle qui avait porté la parole au nom de ses compagnes et lui fit un cadeau. Le surlendemain, les nouveaux mariés partirent pour le château de Bizy, dans le département de l'Eure, où ils trouvèrent le roi, la reine, Mme Adélaïde, la duchesse d'Orléans, le duc et la duchesse de Nemours. On se rendit ensuite à Neuilly, où eut lieu la transcription de l'acte de mariage sur les registres de l'état civil de la famille royale.

La princesse de Joinville produisit une très bonne impression sur la reine. Nous avons déjà fait remarquer que le visage de la jeune mariée rappelait celui de la princesse Marie d'Orléans, morte duchesse de Wurtemberg. On eût dit que la femme du prince de Joinville apportait au sein de sa nouvelle famille le portrait vivant, souriant et rajeuni de l'idéale princesse, tant regrettée et tant pleurée. La reine se félicitait de plus en plus d'une alliance si conforme à ses vœux. L'empereur du Brésil, frère de la princesse de Joinville, venait de resserrer encore les liens qui l'unissaient à la famille de Marie-Amélie. Il avait épousé par procuration, le 30 mai, et allait épouser en personne dans quelques semaines une princesse des Bourbons de Naples, Thérèse-Christine-Marie, née le 14 mars 1822, fille du feu roi des Deux-Siciles, François Ier, sœur du roi Ferdinand II, et nièce de la reine Marie-Amélie. Chez la princesse de Joinville la noblesse des sentiments va de pair avec la noblesse de la race. Marie-Amélie était heureuse que sa bru fût fille et sœur d'empereurs du Brésil, sœur de la reine de Portugal, nièce de l'empereur d'Autriche. Mais elle était plus heureuse encore de reconnaître dans la jeune princesse un modèle de vertus chrétiennes. Le *Journal des Débats* écrivait le 1er août : « La Providence a mêlé toutes sortes de consolations aux amères douleurs qui ont, il y a un an à peine, si cruellement éprouvé le roi et sa famille. Le calme dont la France n'a cessé de jouir, la prospérité non interrompue des affaires, le progrès de la confiance générale, le succès de nos armes en Afrique, ce sont là, pour ainsi dire, les consolations publiques dont le ciel a récompensé la sagesse du roi. D'autres, non moins douces et non moins efficaces, lui étaient réservées. Le roi les a trouvées dans l'union chaque jour plus intime et dans l'affection croissante de sa famille, et le mariage que le prince de Joinville est allé conclure au Brésil, il y a trois mois, avec le consentement de Sa Majesté, s'est heureusement ajouté à cette série de bénédictions dont le ciel a comblé le roi et la France. » La pieuse reine rendait grâces à Dieu, mais la mort du duc d'Orléans avait fait à son cœur maternel une blessure incurable, et comme la Rachel de la Bible, elle ne voulait pas être consolée.

IX

LA REINE VICTORIA

Marie-Amélie, au milieu de sa douleur, avait
déjà eu, en 1843, de grands sujets de satisfaction. Elle en eut un nouveau dans la visite que
la reine d'Angleterre fit au roi Louis-Philippe.
Avant de raconter les détails d'une entrevue qui
eut en Europe beaucoup de retentissement, et à
laquelle la diplomatie attacha une réelle importance, nous dirons quelques mots de la jeune souveraine et de son époux, le prince Albert.

Victoria-Alexandrina, reine de la Grande-Bre-
tagne, née, le 24 mai 1819, au palais de Ken-
sington, près de Londres, est la fille unique du
duc de Kent et de Victoria-Marie-Louise de Saxe-
Cobourg-Gotha.

Le duc de Kent, né le 2 novembre 1767, mort
le 23 janvier 1820, était le quatrième fils du roi

d'Angleterre George III, et le frère des rois George IV et Guillaume IV.

La duchesse de Kent, sœur d'Ernest 1er, duc régnant de Saxe-Cobourg-Gotha, était née le 17 août 1786. Elle avait épousé en premières noces le prince de Leiningen, en secondes noces le duc de Kent. Cette princesse, qui est morte le 16 mars 1861, était une femme éclairée et aux idées libérales. Elle donna à sa fille l'éducation excellente qui devait en faire une si grande souveraine.

La princesse venait d'avoir dix-huit ans quand, à la mort de son oncle Guillaume IV, elle monta sur le trône, le 20 juin 1837. En l'appelant *Sa Gracieuse Majesté*, on ne disait rien d'inexact.

La jeune reine était la grâce même. Par son charme et son intelligence, son tact et sa bonté, elle conquit tout de suite le cœur de ses sujets. Succédant à des rois qui n'avaient pas été populaires, et qui méritaient peu de l'être, elle fut l'objet d'un véritable culte. Quand, le 28 juin 1838, elle reçut solennellement à Westminster la couronne qu'Élisabeth et Anne avaient portée glorieusement, son peuple salua avec transports l'aurore du nouveau règne. La France se fit représenter à cette cérémonie par l'homme qui avait été en Espagne et en France l'adversaire souvent heureux du duc de Wellington, le maréchal Soult, et le compagnon d'armes de Napoléon eut une ovation sur les bords de la Tamise. Le prince

Albert de Saxe-Cobourg Gotha, qu'accompagnait son père le duc Ernest 1ᵉʳ, assista aux fêtes du couronnement et inspira une profonde affection à la souveraine dont tant de prétendants auraient brigué la main. Jamais la reine Victoria n'aurait accepté une de ces unions sans tendresse et sans idéal qui semblent une dérision de la loi qui les ratifie et de la religion qui les consacre. Elle voulait faire un mariage selon son cœur. Après un second séjour du prince Albert en Angleterre, elle convoqua un conseil privé au palais de Buckingham, et annonça qu'elle avait choisi le prince pour époux. Il reçut la dignité de feld-maréchal, un régiment de hussards, le titre d'Altesse Royale, et, naturalisé Anglais, il épousa la reine, le 1ᵉʳ février 1840. Nés tous les deux en 1819, à trois mois de distance : elle le 24 mai, lui le 26 août, ils avaient non seulement le même âge, mais les mêmes goûts et les mêmes sentiments, les mêmes idées et les mêmes principes. C'était comme les deux moitiés d'une même âme. Beau comme le jour, le prince Albert était instruit et distingué. Quittant le calme profond d'une petite cour d'Allemagne pour le bruit et la grande lumière de la vie publique anglaise, ce prince de vingt ans, dont la sagesse devançait l'expérience, sut se faire estimer de tous sans porter ombrage à personne, ménager les suceptibilités des deux partis qui se partagent successivement le pouvoir en Angleterre, et concilier dans une juste mesure l'obéissance du sujet et l'autorité de l'époux. Lord Melbourne, au moment où il allait être remplacé par le prince Albert dans les fonctions de secrétaire privé de la reine, écrivait, à la date du 30 août 1840, une lettre où il disait : « Lord Melbourne ne serait pas satisfait s'il ne répétait par écrit à Votre Majesté ce qu'il a eu déjà l'honneur de lui dire de vive voix au sujet de S. A. R. le prince Albert. Il a la plus haute opinion du jugement de Son Altesse, de sa modération et de sa discrétion, et c'est pour lui une grande consolation de penser qu'il laisse Votre Majesté dans une situation qui lui permette de jouir d'une assistance aussi précieuse. Lord Melbourne tient pour certain que Votre Majesté n'a rien de mieux à faire que d'avoir recours aux avis d'un tel conseiller, et de s'en rapporter à lui en toute confiance. » Tout en respectant scrupuleusement les conditions du régime constitutionnel, le mari de la reine sut exercer à côté du trône une influence d'autant plus sérieuse qu'elle était plus discrète et plus réservée.

La reine Victoria et le prince Albert désiraient, comme le roi Louis-Philippe, un rapprochement entre l'Angleterre et la France. Le roi des Belges ne cessait de s'interposer pour obtenir ce résultat, qu'il croyait nécessaire à l'avenir de son royaume et à la paix de l'Europe. Allié de la famille royale anglaise par son premier mariage, et, par son second, gendre de Louis-Philippe, il était, mieux que personne, en mesure d'établir d'amicales relations entre les deux cours. La princesse Clémentine d'Orléans, devenue duchesse de Saxe-Cobourg-Gotha, vint aider le roi des Belges dans la réalisation de ce programme. Cobourg par sa mère et femme d'un Cobourg, la reine Victoria a toujours montré une prédilection spéciale pour cette maison, à laquelle la famille du roi des Français se trouvait rattachée par trois mariages : celui de la princesse Louise d'Orléans avec un Cobourg, le roi des Belges Léopold Iᵉʳ, celui du duc de Nemours avec une Cobourg, et celui de la princesse Clémentine avec le frère de la duchesse de Nemours. Très intelligente et très sympathique, la princesse Clémentine avait eu un grand succès à la cour d'Angleterre. « Je médite, lui dit la reine Victoria, d'aller voir vos parents à Eu ; laissez-moi arranger cela et gardez-moi le secret. » Ce voyage eut pour prélude une visite des fils du roi.

Le comte de Rohan-Chabot, chargé d'affaires de France à Londres écrivait à M. Guizot, le 26 août 1843 : « Leurs Altesses Royales le prince de Joinville et le duc d'Aumale sont arrivés à Woolwich le 21 de ce mois, à neuf heures du matin, sur le bateau à vapeur le *Pluton*, portant le pavillon du prince contre-amiral, et escorté par les steamers l'*Archimède* et le *Napoléon*. Je me suis rendu à Woolwich avec le maréchal Sébastiani pour les recevoir au débarquement. Les princes ont été accueillis avec tous les honneurs militaires, et sont partis sur-le-champ pour Londres dans les voitures envoyées par la Reine avec lord Harwarden et le capitaine Seymour. Après avoir déjeuné à l'ambassade et revêtu leurs uniformes, Leurs Altesses Royales ont continué leur route par le chemin de fer jusqu'à Hough où de nouvelles voitures de la Reine les ont conduites au château de Windsor. La Reine s'est portée avec le prince Albert à leur rencontre jusque sur l'escalier, et les a menés dans ses appartements particuliers. Le duc et la duchesse de Buccleugh étaient avec lord Aberdeen et moi les seules personnes invitées au palais Les princes avaient annoncé l'intention de partir dès le lendemain ; mais la Reine s'étant rendue dans leurs appartements mêmes pour les engager à prolonger un peu leur séjour, Leurs Altesses Royales ont différé leur départ jusqu'au 23. » Le 25, les princes, heureux de la réception si cordiale qui leur avait été faite, se rembarquaient pour la France, où ils annonçaient à leur père la prochaine arrivée de la reine Victoria.

C'est au mois de juin 1843 que la Reine avait parlé pour la première fois de son projet à sir Robert Peel et à lord Aberdeen. Ceux-ci n'y firent pas d'objection, mais demandèrent que le secret fût gardé jusqu'au dernier moment. Quand la nouvelle commença à être pressentie, l'émotion fut grande dans les chancelleries européennes. Le comte Bresson, ministre de France en Prusse, écrivait de Berlin à M. Guizot, le 31 août 1843 : « Depuis trois jours le bruit de l'excursion de la reine d'Angleterre au château d'Eu était répandu ici par des lettres particulières de Londres. Hier une dépêche de M. de Bunsen l'a confirmé. L'intérêt et l'attention sont vivement excités, et l'on rattache à l'entrevue des deux augustes souverains et à celle de Votre Excellence et de lord Aberdeen des pensées politiques d'une haute portée. On rappelle que depuis le *Camp du drap d'or*, (entrevue de François Ier et de Henri VIII en 1520), les rois des deux pays, à l'exception de ceux que les révolutions avaient conduits sur la terre étrangère, ne s'étaient point visités. L'entrevue d'Eu, indépendamment de l'influence éventuelle qu'on lui prête sur la question d'Espagne, est par elle-même un événement important. Personne n'ignore les engagements que quelques maisons royales du continent ont pris entre elles, et à quelles restrictions elles ont soumis leurs relations avec la cour de France. Que leur en restera-t-il après cette éclatante exception? L'embarras d'une position qui n'aura plus de signification, et dont elles ne sauront comment sortir. »

Marie-Amélie avait peut-être souffert plus encore que Louis-Philippe de l'espèce d'interdit que les vieilles monarchies voulaient faire peser sur la dynastie de Juillet. Elle avait été très froissée qu'aucun prince prussien, aucun prince autrichien n'eussent rendu les visites faites à Berlin et à Vienne par le duc d'Orléans et le duc de Nemours. Quand le roi de Prusse, Frédéric-Guillaume IV, était allé à Londres en 1842, il avait, malgré les démarches du comte Bresson, refusé de traverser le sol français. La démarche de la reine d'Angleterre allait être comme une protestation éclatante contre cette politique de suspicion et d'exclusion si pénible pour une dynastie nouvelle. La visite de la reine Victoria était un événement diplomatique. La reine venait, accompagnée de son ministre des affaires étrangères, et, pour bien prouver qu'elle obéissait non point à un sentiment de curiosité, mais à un mouvement de sympathie pour le roi et la famille royale, elle s'abstenait d'aller jusqu'à Paris et se contentait de sa visite au château d'Eu.

X.

LE CHÂTEAU D'EU.

Louis-Philippe fut bien inspiré en choisissant pour le lieu de son entrevue avec la reine d'Angleterre une demeure aussi agréable et aussi riche en souvenirs que le château d'Eu. La restauration de ce château était son ouvrage, comme celle du palais de Versailles. Ami de la truelle ainsi qu'il le disait lui-même, il avait peut-être encore plus de goût pour l'histoire que pour l'architecture; il aimait mieux réparer les anciens édifices que d'en construire de nouveaux. Son grand plaisir, c'était de faire le cicerone dans les palais restaurés par ses soins, de citer les dates, de raconter les anecdotes se rattachant à chaque pièce, à chaque objet d'art, à chaque portrait, d'évoquer les hommes et les choses, de faire revivre les siècles passés. Il était aussi fier de la galerie des Guises à Eu que de

la galerie des Batailles à Versailles et de la galerie
des Fêtes à Fontainebleau. C'était pour lui une
grande satisfaction de montrer à la reine Victoria le château élevé sur les ruines de la forteresse des ducs de Normandie et de Guillaume le
Conquérant.

Situé aux confins de la haute Normandie,
dans le département de la Seine-Inférieure, le
château d'Eu se compose, outre les dépendances, d'un vaste bâtiment en briques à pilastres
en pierre présentant une façade longue de quatre-
vingt-dix mètres. Il domine, du côté des jardins, une riante vallée arrosée par les eaux de
la Bresle, petite rivière qui prend sa source à
Formery et se perd dans la Manche au Tréport.
A la gauche du château, l'on voit des allées
magnifiques, des hêtres séculaires. Devant la
façade s'étend un parterre orné de statues et de
fleurs. Du haut de la terrasse du pavillon, l'on
aperçoit la mer dans le lointain. Le parc, un des
plus beaux de France, a quarante-six hectares
et renferme plusieurs bassins alimentés par les
eaux de la Bresle. Les souvenirs qu'évoque cette
demeure embrassent une période de neuf siècles.
Ils ne se rattachent pas seulement à l'édifice
actuel, ils comprennent l'héritage du vieux château d'Eu et des comtes qui en portèrent le nom.

La ville d'Eu fut érigée en comté, l'an 996, en
faveur d'un fils naturel du duc de Normandie,
Richard Ier. Après avoir appartenu aux princes

de la maison de Normandie, le comté passa successivement dans les familles de Lusignan, de Brienne, d'Artois, de Nevers. Le duc de Guise Henri le Balafré en devint le propriétaire en 1590, par suite de son mariage avec Catherine de Clèves, de la maison de Bourgogne-Nevers. C'est pendant les dix-huit années du mariage de cette princesse et pendant les cinquante années de son veuvage que le château d'Eu actuel a été construit. Il resta dans la famille des Guises jusqu'en 1662, époque où il fut acquis par la fille de Gaston d'Orléans, frère de Louis XIII, la duchesse de Montpensier, célèbre sous le nom de la Grande Mademoiselle. De ses mains il passa, par vente forcée et simulée, dans celles du duc du Maine, le fils de Louis XIV et de Mme de Montespan. Le prince de Dombes et le comte d'Eu, fils du duc du Maine, y furent exilés sous la Régence, après la conspiration de Cellamare. Ces deux princes étant morts sans enfants, leur cousin-germain, le duc de Penthièvre, fils du comte de Toulouse et petit-fils de Louis XIV et de Mme de Montespan, devint par héritage propriétaire du château d'Eu. C'était la résidence favorite du vertueux duc et de sa fille la duchesse d'Orléans, femme de Philippe-Égalité, mère du roi Louis-Philippe.

Le château d'Eu fut confisqué par la Révolution, le 4 octobre 1793. En 1795 on l'avait transformé en hôpital militaire; en 1805 il fut affecté, comme résidence, au titulaire de la sénatorerie de Rouen; en 1811, Napoléon le réunit au domaine de la couronne; en 1814, Louis XVIII le replaça dans les mains de la duchesse douairière d'Orléans, fille unique et héritière du duc de Penthièvre. A la mort de cette princesse, en 1821, il devint la propriété de son fils Louis-Philippe, qui prit la résolution de rendre son ancienne splendeur à cette antique résidence des ducs de Guise et de la Grande Mademoiselle.

Le château proprement dit ne fut pas agrandi, mais il fut remanié de fond en comble; de nombreuses dépendances y furent ajoutées; il contint 60 appartements de maître, 250 logements de suite, des écuries pour 130 chevaux et des remises pour 60 voitures. Le parc fut presque doublé par des acquisitions de terrains qui en reculèrent les limites jusqu'à la Bresle. On construisit une chapelle ornée de vitraux exécutés à la manufacture de Sèvres, et dont l'un représente le portrait de Sainte-Amélie, d'après Paul Delaroche.

Un des premiers soins de Louis-Philippe, en prenant possession du château d'Eu, fut de faire exhumer de la poussière des greniers les portraits des princes de la maison de Guise et ceux que la Grande Mademoiselle avait rassemblés, en choisissant les personnages parmi les plus célèbres de son temps. Il fit refaire ceux des portraits qui avaient disparu ou avaient été trop dégradés pour pouvoir être restaurés, et c'est ainsi qu'il put reconstituer la décoration de cette splendide galerie des Guises qui est la merveille du château.

Située au premier étage, et longue de cinquante mètres, la galerie des Guises est un véritable musée historique où apparaissent, par ordre chronologique, les portraits des membres de cette illustre maison. Voici le duc Claude (1496-1550), le héros de Marignan, avec ses six glorieux fils pour cortège ; voilà l'aîné de ses fils, le duc François (1519-1563), ce grand homme de guerre qui conserva Metz à la France et qui lui restitua Calais ; voici le frère du duc François, le cardinal de Lorraine (1525-1574), le grand théologien du colloque de Poissy et du concile de Trente, celui qui était si versé dans les affaires de l'État et de l'Église qu'en Italie en l'appelait le *petit pape ;* voilà sa sœur Marie de Lorraine, qui épousa en 1538 le roi d'Écosse, Jacques V, fut la mère de Marie Stuart, et mourut en 1560 ; voilà l'héroïne de poésie et de douleur, la reine martyre Marie Stuart (1542-1587) ; voilà le fils aîné de François de Guise, le duc Henri Ier, le célèbre Balafré, le héros de la Ligue, celui qui aurait été roi si Henri III ne l'avait fait assassiner (1550-1588) ; voilà son frère le cardinal de Guise (1556-1588), mis à mort le lendemain du meurtre du Balafré ; voilà le duc Charles (1571-1640), qui était fils du Balafré et conduisit une flotte contre les habitants de La Rochelle pendant le ministère du cardinal de Richelieu ; voilà le duc Henri II (1614-1664), fils du duc Charles, ce duc Henri II, qui se destinait d'abord à l'Église, qui fut promu à l'archevêché de Rouen, et qui, rentré dans le monde, eut une vie si aventureuse, fut un instant le maître de Naples, et mourut grand chambellan de France, sans laisser de postérité. D'autres personnages figurent encore dans la galerie. On y voit entre autres femmes célèbres les deux duchesses de Montpensier, Catherine (1552-1596), la sœur du Balafré, celle qui voulait couper les cheveux de Henri III et le faire moine, celle qui arma contre lui le bras de Jacques Clément, celle qui s'écria, quand elle apprit qu'il venait d'être assassiné : — Je ne suis navrée que d'une chose, c'est qu'il n'ait pas su avant de mourir que c'est moi qui ai fait le coup ; — et l'autre duchesse de Montpensier (1627-1693), la fille de Gaston d'Orléans, la nièce de Louis XIII, la cousine germaine de Louis XIV qu'elle faillit épouser, la Grande Mademoiselle, la principale des femmes de la Fronde, celle à qui le duc de Lauzun inspira une si folle passion. Le souvenir de cette princesse aventureuse et roma-nesque tient une grande place au château d'Eu. Son nom, ses chiffres, son image s'y retrouvent partout. On y conserve un exemplaire de ses Mémoires écrit tout entier de sa main, l'écran de son cabinet de travail, les dessins qu'elle a faits, les coussins qu'elle a brodés elle-même.

M. Vatout, l'un des auteurs favoris du roi Louis-Philippe, consacra à l'histoire et à la description du château d'Eu tout un volume qui porte la date de 1837. Citons-en le passage suivant : « Le roi n'a point borné à son propre château les travaux et les sacrifices : le nouveau chemin du Tréport (devenu route royale), le remblai des prairies basses sur les bords de la Bresle, afin de les élever au-dessus des plus hautes marées, la route nouvelle de Paris à Eu par Aumale, la restauration complète des tombeaux élevés à la mémoire des comtes d'Eu de la maison d'Artois, le grand vitrail peint dans la manufacture de Sèvres et donné à l'église paroissiale, les encouragements accordés à l'industrie par l'établissement des deux moulins Peckam, ainsi nommés du nom de l'habile mécanicien anglais qui les a inventés, les bienfaits de toute nature que la reine et la famille royale ne cessent de répandre dans toute la contrée, attestent la haute sollicitude que le roi a toujours témoignée pour cette brillante résidence. Aussi le voyage d'Eu est-il toujours une fête pour la ville et pour le roi lui-même. Là, tranquille et libre des soucis de la couronne, il aime à revoir, à perfectionner son ouvrage, il en jouit comme d'un noble hommage rendu à d'illustres souvenirs. Quelquefois il visite les environs, fait de longues promenades sous les ombrages de la belle forêt d'Eu, ou va s'embarquer au Tréport pour respirer l'air

si pur de la mer. » Grand admirateur du château,
M. Vatout en fait un éloge enthousiaste. « La
beauté du château d'Eu, dit-il, et les riches col-
lections qui le décorent attirent tous les ans une
foule nombreuse de visiteurs. Les uns viennent
y chercher la trace des pas de Rollon et de Guil-
laume-le-Conquérant ; les autres vont s'asseoir
sous les grands hêtres où se reposaient les ducs
de Guise ; ceux-ci voudraient entendre encore sur
la terrasse la spirituelle princesse de Conti et la
belle duchesse de Nevers ; ceux-là traversent le
parc pour aller contempler le spectacle incons-
tant de la mer, du haut de ce pavillon où Mademoiselle de Montpensier, rêvant à d'autres orages, attendait Lauzun et rédigeait ses mémoires ;
tous enfin, parcourant avec admiration ces
vieilles murailles, si somptueusement rajeunies
et tapissées de tant d'illustrations, bénissent la
main qui a conservé un monument si précieux
pour les arts et l'histoire. »

A une lieue du château d'Eu se trouve le Tréport, situé à l'embouchure de la Bresle, qui y
forme un port bien abrité. C'est l'*ulterior portus*,
le port le plus avancé des Romains. Avec ses
deux villes, la ville basse, aux maisons unifor-
mément bâties en briques et couvertes en ar-
doises, formant plusieurs rues parallèles qui
aboutissent à la plage, et la ville haute, la plus
ancienne, construite dans un petit vallon qui la
protège, et se reliant à la ville basse par de lar-

ges rampes commençant sur le quai, et par un escalier qui conduit à l'église assise à mi-côte, le Tréport, peuplé de marins intrépides, présente un aspect pittoresque. C'est là que la reine d'Angleterre allait débarquer, et c'est de là qu'elle allait se rendre au château d'Eu.

M. Guizot, qui assista à l'entrevue, écrivait : « Ce pays-ci n'aime pas les Anglais. Il est normand et maritime. Dans nos guerres avec l'Angleterre, le Tréport a été brûlé deux ou trois fois et pillé je ne sais combien de fois. Rien ne serait plus facile que d'exciter ici une passion populaire qui nous embarrasserait fort ; mais on a dit, on a répété : « La reine d'Angleterre fait une « politesse à notre roi ; il faut bien être poli avec « elle. » Cette idée s'est emparée du peuple et a surmonté souvenir, passions, tentations, partis. Il crieront : Vive la reine ! et ils applaudiront le *God save the Queen* de tout leur cœur. Il ne faudrait seulement pas le leur demander trop longtemps. J'ajoute pourtant qu'un autre idée simple et plus durable, la paix, le bien de la paix est devenue et devient chaque jour plus puissante. Elle domine parmi les bourgeois et aussi parmi les réfléchis et les hommes du peuple. Elle nous sert beaucoup en ce moment. On se dit beaucoup : « Quand on veut avoir la paix, il « ne faut pas se dire des injures et faire la gri- « mace. » Cela est compris aujourd'hui de tout le monde, sur cette rive de la Manche. »

Louis-Philippe faisait avec empressement et avec joie les préparatifs nécessaires pour l'installation de la reine Victoria et de sa suite. Il voulait que tout fût élégant, luxueux, confortable et que Sa Majesté britannique se trouvât aussi bien chez le roi des Français que chez elle. Les arrangements s'achevaient avec une rapidité merveilleuse. Dans une lettre du 26 août, adressée à M. Guizot, le roi donnait les détails suivants : « Je suis fort malheureux avec quatre invalides pour servir six pièces ; le maréchal en avait ordonné trente l'année dernière ; j'ai dit au général Teste de les faire venir en poste de Douai ; tout cela pour faciliter le secret. Puis de l'argenterie, de la porcelaine. Il n'y a rien ici que des têtes qui partent Les logements sont un autre embarras ; heureusement, il y a chez Peckam une douzaine de baraques en bois, destinées à Alger, que je vais faire établir dans le jardin de l'église et meubler comme nous pourrons. Je fais arriver soixante lits de Neuilly et chercher à Dieppe de la toile à voiles qu'on va goudronner pour les toits. Cela sera une espèce de *smala* où le duc d'Aumale donnera l'exemple de coucher, comme il a donné celui de charger la *smala* d'Abd-el-Kader. Je fais commander un spectacle... Je vous conseille de venir au plus tard jeudi, afin que nous puissions bien nous entendre et bien causer avant la bordée. » Tout se faisait avec entrain, avec gaîté. Le décor était digne de l'événement qui allait s'accomplir.

Louis-Philippe considérait comme un succès personnel l'arrivée de la reine Victoria. Il s'en réjouissait à tous les points de vue, heureux de montrer sa belle famille, toujours si unie, dans cette résidence qui était son lieu de villégiature préféré. Marie-Amélie surveillait, elle aussi, tous les préparatifs, et s'associait à la joie de son époux.

XI

L'ENTREVUE D'EU

Samedi, 2 septembre 1843.

Cinq heures du soir. — Le temps est superbe. Tout resplendit sous les rayons d'un magnifique soleil. Une population immense couvre la jetée et la route depuis le Tréport jusqu'au château d'Eu. Les fenêtres des maisons se garnissent de spectateurs, et les hauteurs avoisinantes se couvrent de curieux. Les canons des vigies annoncent l'approche de la reine d'Angleterre, et des décharges d'artillerie annoncent en même temps que Louis-Philippe, Marie-Amélie et leur famille viennent de quitter le château pour aller au-devant de la jeune souveraine. Le roi est dans la voiture attelée de huit chevaux bais, qui est destinée à ramener la reine Victoria. Cinq autres voitures suivent, attelées chacune de

six chevaux. La reine des Belges, Madame Adélaïde, la duchesse d'Orléans, le duc d'Aumale,
le duc de Montpensier, la princesse de Joinville,
la princesse Clémentine et son mari le prince Auguste de Saxe-Cobourg-Gotha, M. Guizot, ministre des affaires étrangères, l'amiral baron de
Mackau, ministre de la marine, lord Cowley,
ambassadeur d'Angleterre à Paris, le comte de
Sainte-Aulaire, ambassadeur de France à Londres,
accompagnent le roi et la reine des Français. Au
bout de quelques minutes ils arrivent au Tréport.
Une tente est dressée à l'endroit où la reine Victoria va débarquer. Le pavillon de France est
hissé au sommet de cette tente, au moment où
Louis-Philippe et Marie-Amélie y pénètrent.
C'est là que la reine des Français et les princesses
vont attendre l'arrivée de la reine Victoria. Le
roi, plus impatient, se porte, sur mer, à la rencontre de la souveraine. Il est, avec le duc d'Aumale, le duc de Montpensier et le duc Auguste de
Saxe-Cobourg-Gotha, dans un canot manœuvré
par vingt-quatre rameurs habillés en blanc, avec
des ceintures rouges. M. Guizot, l'amiral de Mackau, le maréchal Sébastiani, lord Cowley, le
comte de Sainte-Aulaire et les aides de camp suivent dans deux autres canots. Les trois embarca-
tions se mettent en mouvement, accompagnées du
bâtiment à vapeur le *Courrier du Havre.* Il est
cinq heures trois quarts. On fait en mer un demi-
mille, et l'on rencontre le yacht *Victoria and*

Albert à bord duquel se trouvent Sa Majesté britannique et son époux.

La reine Victoria n'attend pas avec moins d'émotion que Louis-Philippe le moment de l'entrevue. Pour gagner du temps, elle a devancé les bâtiments de son escorte. Partie le matin de Cherbourg, elle avait rencontré en mer le prince de Joinville, envoyé au-devant d'elle par le roi. C'est alors qu'elle s'est séparée de l'escadre qui la suivait, et a profité de la vitesse extraordinaire de son yacht royal *Victoria and Albert* pour arriver bien avant cette escadre.

Voici le canot de Louis-Philippe qui accoste le yacht de Sa Majesté britannique. Cette embarcation s'est mise en panne depuis quelques instants, et a arboré le pavillon de France à son mât de misaine. Louis-Philippe sort de son canot, et monte aussi vite que possible sur le yacht. Il embrasse la jeune reine, et lui exprime à plusieurs reprises la joie qu'il éprouve de la voir. « C'est un spectacle vraiment attendrissant, écrira-t-elle dans son journal, et je n'oublierai jamais l'émotion que cela m'a causée. » Le prince de Joinville, le duc d'Aumale, le duc de Montpensier, le prince Auguste de Saxe-Cobourg-Gotha, M. Guizot, l'amiral de Mackau, lord Cowley, le comte de Sainte-Aulaire, le maréchal Sébastiani et les aides de camp assistent à cette première entrevue sur le yacht. Louis-Philippe évoque le souvenir du père de la reine, le duc de

Kent, dont il fut l'ami, au temps de l'émigration. Puis il propose à la reine et au prince Albert de les conduire sur son canot jusqu'au rivage. Cette offre est acceptée. Le canot arbore le *Royal standard* anglais et se dirige vers le Tréport. A l'extrémité de la jetée du sud, Marie-Amélie, la reine des Belges, les princesses et deux enfants : le comte de Paris et le duc Philippe de Wurtemberg, fils de la princesse Marie d'Orléans, suivent des yeux la marche de la rapide embarcation. Sur un des tertres qui dominent l'entrée du port, une batterie d'artillerie fait les saluts d'honneur. Un peu plus loin un escadron du 1er de carabiniers et un bataillon d'infanterie gardent les abords de la tente royale. Les bâtiments en rade saluent de toutes leurs bordées. La musique militaire joue le *God save the Queen*. Les cris de : Vive la reine d'Angleterre! retentissent sur tous les points de la jetée, des quais et de la falaise. Les tambours battent aux champs; les troupes présentent les armes, les cavaliers agitent leurs sabres. Les matelots, debout sur les vergues, poussent des hourra. Le canot aborde. Au haut de l'escalier, sur le quai du port, Marie-Amélie, entourée des princesses et de ses deux petits-fils, accueille avec joie les hôtes que son époux lui amène. M. Guizot écrira : « La reine Victoria, en mettant pied à terre, a la figure la plus épanouie que je lui aie jamais vue; de l'émotion, un peu de surprise surtout un vif plaisir d'être reçue de la sorte. » Louis-

Philippe offre la main à la jeune souveraine, l'aide à passer sur la jetée, et la présente à Marie-Amélie, qui l'embrasse à plusieurs reprises, non pas avec la froideur de l'étiquette, mais avec l'effusion d'une mère. On reste quelques instants sous la tente, puis le roi ordonne de faire avancer les voitures.

La reine Victoria et le prince Albert montent avec le roi et la reine des Français dans une voiture découverte à huit chevaux magnifiquement caparaçonnés. Le prince de Joinville, en uniforme d'amiral, le duc d'Aumale, en uniforme de lieutenant général, et le duc de Montpensier, en uniforme de capitaine d'artillerie sont à cheval aux portières. Viennent ensuite huit voitures découvertes à six chevaux. Les carabiniers forment l'escorte. La reine Victoria porte une robe de satin violet, une mantille noire garnie de dentelles, un chapeau de paille avec des rubans jaunes et une longue plume d'autruche. Elle produit sur la foule la meilleure impression. L'on entend dire : « Comme elle est bien ! Quelle agréable personne ! » Le prince Albert est en frac noir avec un gilet blanc et un grand cordon sous le gilet. Louis-Philippe porte l'uniforme de lieutenant général. Le cortège suit les quais du Tréport au milieu d'acclamations unanimes, puis prend la route du château d'Eu, où il arrive à sept heures du soir. Il entre dans la cour d'honneur. Les troupes sont rangées sur quatres faces, la cavalerie devant le château, l'infanterie sur une ligne perpendiculaire à droite et à gauche, la garde nationale sur les deux côtés du perron. Le décor est superbe, l'air d'une pureté et d'une transparence rares. Reflétant les rayons d'un majestueux soleil couchant, toutes les fenêtres du vieux palais des Guises semblent illuminées. Les cuirasses d'or des carabiniers étincellent. Le roi et ses hôtes montent sur la grande terrasse qui domine la cour, saluent les troupes qui les acclament, puis entrent dans leurs appartements. A huit heures du soir un grand dîner réunit toutes les personnes invitées au château. A la droite du roi Louis-Philippe est la reine Victoria, à sa gauche la reine des Belges. En face du roi est la reine Marie-Amélie, ayant à sa droite le prince Albert, à sa gauche, le duc Auguste de Saxe-Cobourg-Gotha. Dans la soirée, l'escadre d'escorte de Sa Majesté britannique arrive en vue du Tréport où elle restera mouillée pendant toute la durée du séjour de la reine.

Dimanche, 3 septembre.

Huit heures du matin. — La reine Victoria et le prince Albert font une promenade à pied dans le parc et se dirigent vers le pavillon de Mademoiselle de Montpensier d'où ils aperçoivent en rade du Tréport l'escadre anglaise. Ils assistent ensuite au service anglican dans une salle du château disposée à cet effet.

Trois heures et demie. — Le roi fait faire à la reine Victoria une promenade en char à bancs avec Marie-Amélie, la reine des Belges, Madame Adélaïde, la duchesse d'Orléans, le prince et la princesse de Joinville, le prince et la princesse Auguste de Saxe-Cobourg-Gotha. Le prince Albert, le duc d'Aumale et le duc de Montpensier suivent à cheval. Au dire de M. Guizot, « le temps est beau, mais le chemin mauvais, étroit, plein de cailloux et d'ornières ; la reine d'Angleterre rit et s'amuse d'être ainsi cahotée en royale compagnie française dans une sorte de voiture nouvelle pour elle, et emportée par six beaux chevaux normands gris-pommelés que conduisent gaîment deux postillons avec leurs bruyants grelots et leurs brillants uniformes ». On se dirige vers la ferme, à travers le parc, et l'on va jusqu'au Tréport. On est rentré au château vers cinq heures et demie.

A sept heures, grand dîner. La reine Victoria porte une robe de soie moirée blanche, un bandeau, une couronne d'émeraudes et le grand cordon de l'Ordre de la Jarretière. Le roi, ses fils et le prince Albert sont en frac. Après le dîner on se rend dans le principal salon du rez-de-chaussée. La reine Victoria ayant aperçu le comte de Chabot, chargé d'affaires de France à Londres, lui adresse quelques paroles bienveillantes. Quelqu'un remarque à ce propos que, lors de la fameuse entrevue du camp du Drap d'or, Henri VIII et François 1er se présentèrent réciproquement, comme les deux seigneurs qu'ils estimaient le plus, l'un le duc de Suffolk et le duc de Norfolk, l'autre le connétable de Montmorency et l'amiral de Chabot. Celui-ci accompagna ensuite Henri VIII à Londres en qualité d'ambassadeur France, et maintenant c'est un descendant de ce même amiral de Chabot qui remplit les fonctions de chargé d'affaires de France à Londres lorsqu'a lieu entre les souverains des deux pays une entrevue qui sera célèbre comme celle du Drap d'or.

Lundi, 4 septembre.

Deux heures de l'après-midi. — Le roi, les trois reines, les princesses et le prince Albert montent en voiture découverte pour faire une promenade. Le prince de Joinville, le duc d'Aumale et le duc de Montpensier les accompagnent à cheval. On se rend par la route Clémentine au Mont d'Orléans, où un lunch est servi, à quatre heures, sous une tente ornée de draperies et de drapeaux. Le roi se met à table ayant à sa droite la reine d'Angleterre, à sa gauche la duchesse d'Orléans. Le prince Albert est entre la reine des Français et la reine des Belges. La musique du 1er carabiniers joue pendant le repas. Une foule immense entoure la tente. Chacun admire la grâce de la jeune souveraine. A six heures, on rentre dans le château par la grille de la glacière. A huit heures, dîner comme celui de la veille. Le soir, concert dans la galerie des Guises, sous la direction d'Auber. Les chanteurs sont des artistes de l'Opéra-Comique : Mᵐᵉ Anna Thillon, Roger, Chollet. Un morceau produit grand effet : c'est le chœur de l'*Iphigénie*, de Glück : *Que de grâce ! que de majesté !* celui que Marie-Antoinette aimait tant, et qui fut si souvent chanté en son honneur !

Mardi, 5 septembre.

Sept heures du matin. — Le prince Albert se rend avec le duc d'Aumale, le duc de Montpensier et le prince Auguste de Saxe-Cobourg-Gotha, à un terrain situé à quatre kilomètres de la ville d'Eu, sur la route de Dieppe, pour voir manœuvrer le 1ᵉʳ régiment de carabiniers, commandé par le colonel Davésiés de Pontès. Un timbalier, dont l'équipement et la tenue rappellent le luxe des musiques militaires d'autrefois, fixe l'attention générale. Ce timbalier, le seul de l'armée française, est un souvenir précieux pour le 1ᵉʳ carabiniers ; il lui fut donné en présent par le duc d'Orléans. Le prince Albert admire le régiment dont Louis-Philippe a dit : « Les carabiniers sont de ceux qu'on aime présenter à ses amis et à ses ennemis », et il félicite le colonel et les officiers.

Après le déjeuner, au château, le roi, donnant le bras à la reine Victoria, la conduit dans la galerie du rez-de-chaussée où sont exposées deux grandes tapisseries des Gobelins représentant la chasse du sanglier de Calydon et la mort de Méléagre, d'après les deux tableaux de Lebrun. Il en fait cadeau à la reine, et joint à ce présent un coffre en porcelaine de Sèvres.

A trois heures, visite de l'église d'Eu, où reposent les comtes d'Eu dans des caveaux restaurés par le roi.

Le soir, concert dans la galerie des Guises. La reine Victoria porte une robe de mousseline semée de fleurs et brochée d'or, une écharpe de la même étoffe et sur sa tête un bandeau de fleurs naturelles. On applaudit Franchomme qui joue du violoncelle, Vivier, qui joue du cor. Les peintres Morel Fatio et Eugène Isabey sont au nombre des invités.

Mercredi, 6 septembre.

A deux heures, promenade dans la forêt. Lunch au rendez-vous de chasse de Sainte-Catherine, d'où l'on aperçoit un horizon immense. La table de soixante couverts est dressée sous une tente. La reine d'Angleterre dira de ce repas en forêt : « C'était si joli, si gai, si champêtre, et la rapidité avec laquelle tout avait été arrangé était merveilleuse. »

Le soir, représentation théâtrale au château dans la galerie du rez-de-chaussée. Les artistes du Vaudeville jouent le *Château de ma nièce*, de Mme Ancelot, et l'*Humoriste* de MM. Dupeuty, et Henry. Arnal, Félix, Mme Valérie Mira, Mme Doche ont le plus grand succès.

Les hôtes du château d'Eu partiront le lendemain. Tout réussit à souhait. La reine Victoria constate dans son journal combien elle a de sympathie pour la famille royale. Le lendemain de son arrivée, elle a écrit : « Il me semblait que c'était un rêve que je fusse à Eu et que mon château en Espagne favori fût réalisé; mais ce n'est pas un rêve, c'est une charmante réalité. » Elle trouve que le roi est gai, que sa conversation est riche d'anecdotes, que sa vivacité la charme et l'amuse. Elle se plaît à lui entendre parler avec bonhomie des épreuves de sa jeunesse. Il se promène avec elle dans le jardin potager du château, devant des espaliers couverts de belles pêches; il en cueille une, il la lui offre; comme elle veut la manger, mais ne sait comment s'y prendre pour la peler, il tire de sa poche un couteau en disant : « Quand on a été, comme moi, un pauvre diable vivant à quarante sous par jour, on a toujours un couteau dans sa poche. » La jeune souveraine ne tarit pas d'éloges sur Marie-Amélie, « la chère et excellente reine qu'on ne peut qu'aimer et vénérer », et pour qui elle se sent « une tendresse filiale. » Le deuil de la duchesse d'Orléans l'attendrit : « La chère Hélène, dit-elle, a beaucoup d'esprit et de sens;

elle montre beaucoup de courage et de force de
caractère. Elle m'a parlé, les larmes aux yeux,
de ma sympathie pour elle dans son bonheur et
dans son malheur. Pauvre excellente Hélène ! »
Et la reine des Belges : « Chère angélique Louise !
elle est si bonne pour nous, sans cesse nous de-
mandant ce que nous désirons, ce que nous
aimons. Et les princes : « Ces jeunes gens sont
si gais ; Joinville si aimable est notre grand favori... Ils sont tous si empressés et si agréables ;
cela réjouit le cœur ; je suis à l'aise avec eux
comme si j'étais de la famille... Je me sens si
aie et si heureuse avec ces chères gens ! » La
reine n'oubliera pas ce que Marie-Amélie lui a
dit : « Je vous recommande mes enfants, Madame, je vous les recommande, ainsi qu'au prince
Albert, quand nous ne serons plus. Protégez-les,
ce sont des gens de cœur. »

Jeudi 7 septembre, jour du départ.

La reine Victoria écrit dans son journal : « A
six heures moins un quart, nous nous sommes
levés, le cœur gros, en pensant que nous devions
quitter cette chère et aimable famille. Je suis si
triste de m'en aller ! »

Sept heures du matin.

Les troupes en grande tenue, avec leurs musiques, sont sous les armes dans la cour du châ-

teau. Louis-Philippe monte avec les trois reines, les princesses et le prince Albert, dans une voiture à huit chevaux couverts de harnais en maroquin rouge, les crins entrelacés de palatines d'or. Le duc d'Aumale, le duc de Montpensier et le prince Auguste de Saxe-Cobourg-Gotha, en uniforme, sont à cheval, aux portières. Le prince Albert porte le grand cordon de la Légion d'honneur dont le roi l'a décoré la veille. Un double piquet de carabiniers marche en avant et en arrière de la voiture. Les tambours battent aux champs. La musique du 24ᵉ léger joue le *God save the Queen*. On arrive au Tréport, où un canot à vingt-quatre rameurs doit conduire la reine d'Angleterre jusqu'à son yacht *Victoria and Albert*. Avant de descendre dans le canot, elle prend congé des dames qui ne sont pas désignées pour l'accompagner jusqu'au yacht. Apercevant lady Cowley, la femme de son ambassadeur, « je suis charmée, lui dit-elle, de vous avoir trouvée ici pendant cette délicieuse visite ». L'ambassadrice, la comtesse de Sainte-Aulaire, la comtesse Vilain XIV se placent ensuite à l'extrémité de la jetée, d'où se déroule le spectacle le mieux fait pour inspirer le pinceau d'un peintre de marine :

Un superbe soleil du matin, un ciel sans nuages ; sur les falaises une foule innombrable qui pousse des acclamations ; sur la plage un escadron de carabiniers — les pieds de leurs chevaux sont blanchis par l'écume de la mer ; — à très peu de distance du port les deux escadres française et anglaise, et, au milieu le yacht *Victoria and Albert*, avec ses roues blanches, son pavillon rouge, sa coque noire.

Voici Sa Majesté Britannique et le prince Albert qui montent dans le canot avec le roi, Marie-Amélie, la reine des Belges, les princesses et l'amiral de Mackau. Le duc d'Aumale, le duc de Montpensier et le prince Auguste de Saxe-Cobourg-Gotha suivent dans une yole. On accoste le yacht *Victoria and Albert*, où Louis-Philippe et sa famille vont rester encore une demi-heure auprès de la jeune reine ; ils visitent en détail le yacht, merveille d'élégance et de *confort*. Un bateau à vapeur de l'escadre française, le *Courrier de Dieppe*, vient de le rallier. C'est sur ce bâtiment que le roi des Français et sa famille, à l'exception du prince de Joinville qui accompagnera la reine d'Angleterre jusqu'à Brighton, vont retourner au Tréport. L'heure de la séparation a sonné. Louis-Philippe embrasse avec effusion la reine Victoria, qui embrasse à son tour Marie-Amélie, la reine des Belges et les princesses. « Enfin, écrira-t-elle dans son journal, le mauvais moment est arrivé, et nous avons été obligés de prendre congé les uns des autres avec le plus grand regret... Le roi a agité sa main et nous a crié encore : Adieu ! Adieu ! » Le prince Albert n'est pas moins satisfait que la reine d'un voyage qui a si bien réussi. Il écrira quelques jours après: « Notre expédition s'est passée à merveille. Le ciel nous a favorisés d'un temps magnifique, et rien n'est arrivé qui pût nous causer le moindre désagrément. Le vieux roi était dans l'enchantement, et toute la famille nous a reçus avec une cordialité, je puis même dire avec une affection vraiment tonchante. » De part et d'autre, l'entrevue a dépassé toutes les espérances. Depuis le mariage du duc d'Orléans, Louis-Philippe et Marie-Amélie n'avaient pas vu d'aussi beaux jours.

XII

APRÈS L'ENTREVUE.

Les instincts monarchiques de Louis-Philippe avaient été singulièrement flattés. Le roi regardait l'entrevue d'Eu comme un résultat décisif au point de vue dynastique et conservateur. Il s'imaginait qu'elle désarmerait, au dedans, comme au dehors, les adversaires de la monarchie de Juillet. C'était, à ses yeux, le fruit de treize ans de patience et d'habileté.

Le *Moniteur* s'exprimait en ces termes dithyrambiques dans un article du 11 septembre 1843 : « Le voyage de Sa Majesté la reine d'Angleterre est un témoignage spontané, éclatant de ses sentiments personnels pour notre roi et de l'affection qu'elle porte à notre famille royale. La reine Victoria a vu, au château d'Eu, l'ancien ami de son père, un roi dont la haute sagesse a triomphé de toutes les épreuves, et dont le génie, habile préservant la paix du monde, a appuyé la France, forte et glorieuse, sur la base de l'ordre et des lois ; elle y a vu, avec une sympathie profonde, deux reines, modèles de vertus ; des princesses, l'ornement et l'orgueil du trône, et auprès de l'auguste veuve et de l'enfant royal trois de ces princes pour qui la gloire de la France est un culte, et qui n'ont d'autre volonté, d'autre but, d'autre passion que de la servir. » *Le Journal des Débats* n'était pas moins enthousiaste que la feuille officielle. « La reine Victoria, disait-il, a vu le roi Louis-Philippe, elle l'a entretenu, elle l'a écouté... Elle a surpris, en quelque sorte, dans le loisir et l'abandon de son repos, à quarante lieues de sa capitale, cette royauté d'origine populaire dont les gazetiers fanatiques et les candidats bafoués du droit divin ne parlent que le sourire de dédain sur les lèvres, et la reine Victoria a pu se demander s'il est une royauté au monde qui sache mieux accorder la simplicité avec la grandeur, une dignité plus royale avec une bonté plus affable, plus humaine et plus accessible. » Marie-Amélie espérait, comme son époux, que la monarchie française de 1830 serait aussi durable que la monarchie anglaise de 1688.

La famille royale jouissait en ce moment d'une réelle popularité. Une brillante tournée du duc et de la duchesse de Nemours en Bretagne avait coïncidé avec l'entrevue d'Eu. Le duc et la duchesse s'étaient ensuite rendus en Bourgogne, recevant partout des ovations. Dans un article du *Spectateur de Dijon*, reproduit par le *Moniteur*, on lisait : « Chacun admirait la beauté, la grâce naïve et pure de Mme la duchesse de Nemours. Chacun cherchait à entendre sa parole si douce, si affable, si digne et si simple en même temps. Quant au duc, chacun redisait à l'envi sa belle conduite au siège de Constantine. Son air ouvert et franc, sa noble démarche attiraient à lui toutes les sympathies de la foule empressée sur ses pas. » On avait écrit derrière un transparent lumineux ces deux vers :

> Nemours du bon Henri nous rappelle les traits,
> Et tout en lui retrace un chevalier français.

Dans un discours adressé au duc en présence de M. de Lamartine, à Mâcon, M. de Lacretelle s'élevait jusqu'au lyrisme. « O prince, s'écriait-il, quand la grande ombre de Henri IV vous parlait dans votre sommeil ou dans vos méditations, vous la voyiez sans doute accompagnée d'une ombre bien chérie, celle de votre auguste et malheureux frère, si digne d'être accueilli au ciel par le plus grand et le plus saint de ses ancêtres. » L'orateur comparait ensuite l'entrevue de Louis-Philippe et de la reine d'Angleterre à celle de Salomon et de la reine de Saba. « Les couleurs les plus suaves et les plus pures, ajoutait-il, viennent se fondre dans la grandeur du tableau. Les cheveux blancs jettent un noble reflet sur de jeunes fronts empreints de majesté. Il me semble voir la reine Victoria s'abreuver des paroles de la reine Amélie. L'amour conjugal, dans tout ce qu'il a de plus gracieux, de plus serein, de plus sublime, couronne cette fête qui embellit l'union des deux peuples. La gloire y reparaît dans cette attitude où un statuaire antique a représenté Hercule se reposant sur sa massue. » Le *Moniteur* reproduisait également le discours de M. de Lacretelle. On flattait le roi populaire comme on avait flatté son ancêtre Louis XIV.

M. Guizot était alors le type du satisfait. Il avait, à Eu, causé amicalement de toutes les questions pendantes avec lord Aberdeen. Le ministre des affaires étrangères de la reine Victoria et son programme, l'entente cordiale avec l'Angleterre semblaient définitivement triompher. Dans son exaltation, il écrivait, le 10 septembre : « Je suis entré aux affaires, il y a trois ans, pour empêcher la guerre entre les deux plus grands pays du monde. J'ai empêché la guerre. J'ai fait plus ; au bout de trois ans, à travers des incidents et des obstacles de tout genre, j'ai rétabli entre les deux pays, la bonne intelligence et l'accord. La plus brillante démonstration de ce résultat est donnée en ce moment à l'Europe. Je ne ressemble pas à Jeanne d'Arc, elle a chassé les Anglais de France ; j'ai assuré la paix entre la France et les Anglais. Mais vraiment ce jour-ci est, pour moi, ce que fut, pour Jeanne d'Arc, le sacre du roi à Reims. Je devrais faire ce qu'elle avait envie de faire, me retirer. Je ne le ferai pas, et on me brûlera quelque jour, comme elle. »

A l'étranger, les adversaires de la monarchie de Juillet éprouvaient un sentiment de dépit, qu'ils avaient de la peine à contenir. Le baron d'André, chargé d'affaires de France à Saint-Pétersbourg, écrivait à M. Guizot, le 23 septembre 1843 : « Il n'est question, depuis quelques jours, que de la visite de la reine d'Angleterre au château d'Eu. L'empereur étant absent, je puis seulement préjuger de l'impression produite sur lui par cette nouvelle. Chaque personne qui m'en parle ne manque pas d'ajouter qu'elle aura dû le contrarier bien vivement; cela ne peut être douteux. Cet hommage si éclatant rendu à notre souverain par une puissante reine est une amère critique de la conduite de l'empereur. Il y sera fort sensible et pardonnera difficilement cette démonstration bienveillante de la reine d'Angleterre à notre égard; mais, en outre de ce qui lui est personnel, si on se rappelle encore tous les efforts de sa politique pour désunir, il y a trois ans, les cabinets de Londres et de Paris, et les sacrifices dont il eût été capable pour satisfaire ce désir, alors on comprendra quelle contrariété et quel désenchantement il doit ressentir aujourd'hui. On espère cependant ici qu'à Berlin il aura dû un peu contenir l'explosion de sa mauvaise humeur. »

L'empereur Nicolas était arrivé dans la capitale de la Prusse, le 6 septembre. Le comte Bresson écrivait à M. Guizot : « On remarque que l'empereur de Russie a vieilli, qu'il est silencieux, et semble préoccupé. Il se montre fort poli, fort attentif ; ces grands airs de suprématie et d'assurance, que lui reprochait la susceptibilité allemande, se sont modifiés, et l'on dirait qu'il compte davantage avec les chances mauvaises et les incertitudes de la vie. Au reste, il n'a pas lieu d'être satisfait de l'accueil qu'il rencontre dans la population. C'est à peine si un sentiment de curiosité est éveillé ; l'on n'entend aucune acclamation sur son passage. Dernièrement, il est descendu dans la rue, devant l'hôtel de sa légation, qu'il occupe, pour passer en revue la garde d'honneur que lui envoyait le gouverneur de la place ; il y avait environ un millier de personnes assemblées ; aucun des spectateurs ne s'est découvert... La suite du souverain a été également très scandalisée de la turbulence et de l'indiscipline de la foule qui se pressait au champ de parade... Ils ont dit que c'était une *population à émeutes*. Il est certain qu'elle ne ressemble plus à celle si paisible et si respectueuse que j'ai trouvée ici sous le feu roi, il y a douze ans, elle s'est fort émancipée. »

L'empereur Nicolas était arrivé à Berlin le jour même où l'on y avait reçu la nouvelle de celle de la reine d'Angleterre au château d'Eu. Il en témoigna une vive surprise, à laquelle se mêlait sans aucun doute un non moins vif mécontentement. Mais il s'observa et se contint, attachant trop de prix à ses bonnes relations avec l'Angleterre pour courir le risque de blesser la reine. Citons encore un autre extrait de la correspondance du comte Bresson : « Au reste ce n'est pas seulement en cette circonstance que l'Empereur a gardé sur lui-même plus d'empire qu'autrefois. Il s'est exprimé sur nos affaires avec une certaine modération, qui ne lui était guère habituelle. Il a reconnu que la sagesse du roi avait rétabli l'ordre en France, que nous avions cessé de menacer la tranquillité de l'Europe, et que les progrès avaient dépassé notre attente. Dans une conversation avec Mme la princesse de Prusse, qui, fidèle à ses bienveillantes préférences, avait pris au château la défense et le parti de la France et de notre famille royale, et s'était arrêtée à ces mots : — Ne vous étonnez pas de ces sentiments, mon oncle, je les tiens du feu roi, — l'empereur a répliqué : — Vous avez raison de les conserver. — Sa Majesté est arrivée à un âge où la vie se montre ce qu'elle est, où la rapidité de la pente qui l'entraîne augmente, où les sentiments et les passions se transforment, où l'illusion fait place à la réalité et la confiance à l'inquiétude, où les aspects lumineux sont derrière et les aspects sombres devant. » (Dépêche du comte Bresson à M. Guizot, 24 septembre 1843.)

A Vienne, le prince de Metternich n'était pas, au fond, plus satisfait que l'empereur Nicolas, et le rapprochement de l'Angleterre et de la France n'était pas pour plaire au chancelier d'Autriche. L'ambassadeur de Louis-Philippe à Vienne, le général comte de Flahault, écrivait à M. Guizot, en septembre : « La visite de la reine Victoria au château d'Eu produit ici un très grand effet. Je ne veux pas dire que la joie que j'en éprouve soit partagée ici, tant s'en faut. Vous pensez bien qu'on ne me le témoigne pas; mais il m'est facile de voir que le prince de Metternich (et c'est ici ce qu'il y a de plus bienveillant pour nous) est loin d'en être satisfait. Ce n'est pas qu'il désire voir régner la mauvaise intelligence entre les gouvernements de France et d'Angleterre. Rien ne serait plus de nature à rendre inutile l'influence qu'il est accoutumé à exercer comme grand modérateur et médiateur européen. » Quant au roi de Prusse, Frédéric Guillaume IV, beaucoup moins bienveillant pour la France que son prédécesseur, il n'était pas plus content que l'empereur Nicolas. Froissé que la reine Victoria l'eût relégué au second plan, lui, le parrain du prince de Galles, lui qui croyait avoir droit à la première des visites, il regrettait l'union intime qui existait, trois ans auparavant, entre l'Angleterre et les puissances du nord.

En résumé, l'entrevue d'Eu avait été pour Louis-Philippe un grand succès, un événement d'une haute importante. Ses adversaires, à l'intérieur et à l'extérieur, allaient essayer d'en atténuer la portée et d'en détruire les conséquences.

XIII

LES LÉGITIMISTES.

L'entrevue d'Eu avait causé à Marie-Amélie
une grande joie. La reine se félicitait de voir que
le gouvernement de Juillet se fortifiait au dedans
et au dehors. Mais quelque chose la troublait, au
milieu des succès du règne, c'était le rôle des légitimistes. Elle-même avait été jusqu'en 1830 une
légitimiste convaincue, et l'attitude d'une grande
partie de cette noblesse française, dont elle avait
naguère partagé les idées, était pour elle un per-
pétuel sujet d'inquiétude et de chagrin. Le faubourg Saint-Germain se dressait devant elle, à
quelques pas de son palais, comme une sorte de
forteresse ennemie. On ne cessait de lui répéter
aux Tuileries, que son époux avait sauvé la société. Il lui était pénible de savoir que, de l'autre
côté de la Seine, on disait tout le contraire. Après
l'échec des tentatives de la duchesse de Berry, elle

avait eu l'espoir que les partisans de la branche aînée seraient découragés, et maintenant elle constatait que leur ardeur était toujours la même. Le duc de Bordeaux, désigné le plus souvent sous le nom de comte de Chambord, en souvenir du château qui, dans son enfance, lui avait été offert par une souscription nationale, était, à la fin de 1843, un jeune homme âgé de vingt-trois ans qui s'annonçait comme résolu à poursuivre une lutte ouverte contre la dynastie de Juillet. Le prince avait fait à Kirchberg une chute de cheval très grave, le 31 juillet 1841. Ses partisans disaient : « Toutes les chances étaient pour que la chute du chemin de Kirchberg fût mortelle, de même qu'elles étaient toutes pour que celle du chemin de la Révolte ne fût qu'un léger accident. Et cependant c'est le duc d'Orléans qui a succombé, et c'est le duc de Bordeaux que le ciel a sauvé. » Les légitimistes concluaient de ce rapprochement que *l'enfant du miracle* était prédestiné, et s'obstinaient à croire, malgré tant de déceptions, que la Providence le ferait roi. C'était surtout dans les salons que le parti légitimiste continuait ses menées. Mais les gouvernements sont souvent plus froissés de l'opposition des salons que de celle de la rue. Les invectives d'un émeutier leur sont moins désagréables que le persifflage ou le dédain d'un grand seigneur ou d'une grande dame. Nature très aristocratique, Marie-Amélie souffrait plus que personne de l'hostilité du faubourg Saint-Germain.

Rien ne l'aurait rendue plus heureuse qu'une rénonciation des Bourbons de la branche aînée et une réconciliation avec sa nièce la duchesse de Berry, et avec son petit-neveu le comte de Chambord. Mais une telle réconciliation paraissait alors impossible, et pendant tout le règne de Louis-Philippe il ne fut pas question une seule fois d'un rapprochement quelconque entre la branche aînée et la branche cadette des Bourbons. Les deux familles rivales avaient l'une vis-à-vis de l'autre une attitude menaçante, pleine de récriminations et de reproches. Avec son grand sens politique, la reine Marie-Amélie comprenait très bien qu'il y avait là un danger véritable et que les efforts combinés des légitimistes et des républicains pourraient, un jour ou l'autre, ébranler le trône de son époux. Tout ce qui se passait à Frohsdorf, résidence du comte de Chambord, avait le privilège d'éveiller au plus haut degré les susceptibilités de la cour des Tuileries. On surveillait les rapports du prétendant non seulement avec ses partisans français, mais avec celles des puissances étrangères qui pouvaient avoir quelque sympathie pour sa cause. Il allait se rendre dans plusieurs cours, et le gouvernement du roi Louis-Philippe s'inquiétait de savoir quel accueil on y ferait à un prince qui se posait en prétendant. Les moindres nuances d'étiquette, les moindres politesses faites à un rival allaient préoccuper le roi, qui ne se sentait plus d'humeur à supporter patiemment des blessures d'amour-propre, dont il n'aurait point osé se plaindre au commencement de son règne.

Le comte de Chambord se rendant à Londres va traverser la Prusse. Ses partisans voudraient que sa présence à Berlin coïncidât avec celle de l'Empereur de Russie et fût l'occasion d'une manifestation légitimiste. Le ministre de France en Prusse est M. Bresson, créé comte par Louis-Philippe en 1837. Orléaniste passionné, ce diplomate unissant à une habileté rare une très grande énergie, empêchera le petit complot de réussir. Il adresse à M. Guizot cette curieuse dépêche, le 14 septembre 1843 : « Le comte de Chambord a écrit au roi Frédéric-Guillaume IV pour lui demander la permission de venir lui faire sa cour à Berlin. Sa Majesté surprise et embarrassée n'a pas cru pouvoir cependant repousser ou éluder cette prière, et elle a répondu hier qu'elle recevrait le prince et lui offrirait un logement à Potsdam, au nouveau palais, mais qu'elle n'avait d'autre temps disponible que celui qui s'écoulerait entre les manœuvres qui allaient finir et son départ pour le camp de Lunebourg... Le roi a voulu éviter que le prince se trouvât ici pendant le séjour de la cour de Russie. Je ne sais si ce but sera atteint, et si la permission une fois obtenue on ne s'empressera pas plus que Sa Majesté ne le voudrait d'en profiter. M. de Bulow proteste que le roi se souciait très peu de cette visite, qu'il n'a adressé aucune sorte d'invitation, qu'il avait accordé, il y a deux ans, l'autorisation au jeune prince de venir le voir en Silésie; que c'est de cette autorisation qu'on a pris acte aujourd'hui, et que la cour de Prusse ne pouvait reculer; que, du reste, toutes les précautions seront prises pour que l'on ne puisse attacher aucune signification politique à cette circonstance; que c'est une simple courtoisie de gentilhomme à gentilhomme; que le roi ne peut fermer sa porte à un prince errant et malheureux, qui n'a plus d'avenir devant lui ni de rôle à jouer dans le monde, et il a ajouté que la position du ministre de France ici était trop bonne et que j'étais trop haut placé pour me préoccuper un instant de ce qu'il m'annonçait. » Le comte Bresson n'en est pas moins inquiet. La venue de M. de Saint-Priest qui, sous la Restauration, avait été ministre de France en Prusse, lui paraît un symptôme évident des menées légitimistes. Il répond à M. de Bulow qu'il sera sur ses gardes, et que très certainement il ne transigera sur aucun incident qui lui paraîtrait porter atteinte à la dignité de son gouvernement.

A Paris, grand émoi au ministère des affaires étrangères. M. Guizot écrit au comte Bresson, le 19 septembre : « Nous n'avons nul dessein d'exercer sur les démarches de M. le duc de Bordeaux une surveillance inquiète et exigeante qui ajouterait encore au malheur de sa position. Mais nous ne saurions voir avec indifférence que ces démarches

fournissent à l'esprit de faction un encouragement
fâcheux, bien que trompeur, ou que les agents
du roi au dehors se trouvassent placés dans une
situation délicate, peu conforme à la dignité de la
France, où qui pourrait amener entre le gouvernement du roi et les gouvernements étrangers des
complications nuisibles à la bonne harmonie de
leurs rapports. Si donc le séjour de M. le duc de
Bordeaux à Berlin se prolongeait ou s'il était accompagné de circonstances qui nous fissent réellement sentir les inconvénients que je signale,
M. le baron de Bulow ne serait pas surpris que
la présence simultanée des ministres du roi ne
parût ni convenable ni possible. »

Ce que le représentant de Louis-Philippe à
Berlin craint surtout, c'est que le comte de Chambord n'arrive à Berlin quand l'empereur Nicolas
y sera encore et n'assiste à la grande revue qui
sera passée par le roi de Prusse et par le tsar. Il
écrit à M. Guizot, le 13 septembre. « Si le comte
de Chambord se montre à la grande revue d'après-
demain, je m'y rendrai à cheval, en uniforme,
suivi d'un domestique portant la cocarde française et ma livrée. » La revue a lieu. Le prétendant n'est pas encore arrivé, et l'empereur Nicolas part le lendemain. C'est un succès pour le
ministre de France. Nouvelle dépêche à M. Guizot
le 20 septembre : « Des précautions sont prises
pour que les journaux de Berlin ne publient aucun
article inconvenant, spontané ou communiqué sur

le séjour de M. le duc de Bordeaux. M. de Bulow a ordonné que ces articles lui fussent tous
soumis avant l'impression. Nos Carlistes berli-
nois sont bien forcés de s'avouer que le coup
monté est manqué, et leurs physionomies trahis-
sent leurs mécomptes. Si, selon leur coutume,
ils publient à Paris des mensonges dans leurs
journaux, je crois qu'il sera utile de rectifier les
faits et de mettre sous son vrai jour la conduite
du roi de Prusse qui n'a ni invité ni désiré, mais
seulement autorisé. » Le prétendant arrive à Berlin
le 24 septembre. Il est accompagné du duc de
Lévis, du général baron Vincent, du vicomte de
Saint-Priest, du marquis de Chabannes et de
M. de Villaret-Joyeuse. Sur l'invitation faite de la
part du roi, par le prince de Wittgenstein, grand-
chambellan, il part tout de suite pour Potsdam,
où des appartements lui ont été préparés au nouveau palais près de Sans-Souci. Il dîne et soupe
chez le roi.

Le lendemain, le ministre de France fait une
visite à MM. de Bulow et de Wittgenstein pour in-
sister encore auprès d'eux sur le danger de la présence du prince. « Je leur ai dit, écrit-il à M. Guizot,
que si les journaux légitimistes publiaient que
M. le duc de Bordeaux avait été invité par Sa
Majesté, je prierais Votre Excellence de faire
insérer dans la partie officielle du *Moniteur* que
le gouvernement prussien avait formellement déclaré qu'il ne lui avait adressé aucune invitation,

qu'il avait accordé une simple autorisation. Je leur ai indiqué que ce voyage avait été probablement concerté entre l'archiduchesse Sophie, la reine de Saxe et la reine de Prusse, et je leur ai représenté que s'il était permis aux femmes de se diriger par le sentiment, nous devions nous conduire par la raison et mettre le roi en garde contre les impulsions qu'on chercherait à lui donner et auxquelles par bonté de cœur il n'était que trop disposé à céder ; que notre objet devait être enfin d'abréger le temps du séjour du jeune prince, et surtout de faire en sorte qu'il ne restât pas près de la reine et avec les princes après le départ du roi pour Lunebourg, qui devait avoir lieu le 3 octobre. » Dans une dépêche du 25 septembre, le ministre de France raconte ce qui suit : « Hier, le comte de Rossi, ministre de Sardaigne, est venu un peu ému me trouver. Mme de Rossi (la célèbre cantatrice Sontag, dont les quarante ans ont emporté la beauté, sans nuire à son admirable talent) avait, sans consulter son mari, répondu à M. le comte de Chambord, qui exprimait le désir de l'entendre, que, s'il voulait lui donner son heure, elle l'attendrait chez elle et chanterait pour lui. M. de Rossi craignait que je ne m'en formalisasse, et il venait m'expliquer que la suite seule du prince assisterait à cette petite réunion de quatre à cinq heures de l'après-midi. Sans approuver ou désapprouver, je lui ai répondu moitié riant, moitié sérieusement : — Mon cher

comte, personne ne songe à vous faire pour cela
une mauvaise affaire, ou à priver M. le duc de Bordeaux du plaisir que j'apprécie fort moi-même
d'entendre Mme de Rossi. » Le comte Bresson
ajoute dans une autre dépêche du 27 septembre :
« Mme de Rossi m'a prévenu que M. le duc de Bordeaux lui avait donné demain rendez-vous pour
chanter avec elle un duo de *Linda di Chamounix*.
Je lui ai répondu par le refrain : « Chantez, chantez
« ensemble, et chantez tour à tour. »

Le ministre de France constate avec plaisir
qu'à l'Opéra l'entrée et la sortie du duc de Bordeaux n'a produit aucune sensation perceptible,
que personne ne s'arrête pour le voir monter en
voiture ou en descendre, que personne ne se
place sur son chemin, tandis qu'en 1836, lorsque
les fils du roi Louis-Philippe se montraient, la
foule s'attachait à leurs pas. Il n'en a pas moins
une vive impatience de voir s'éloigner le duc de
Bordeaux. « Tout s'est bien passé, dit-il à
M. de Bulow, le 27 septembre, mais il faut en
finir, il y a assez longtemps que M. Franchet se
donne les airs de ministre d'Henri V. » Le prince
consent enfin à s'éloigner. Le comte Bresson
respire. Il écrit à M. Guizot, le 29 septembre :
« M. le duc de Bordeaux est parti à midi pour
Magdebourg, où il passera la journée de demain.
De là, il gagnera Hambourg, et s'y embarquera
le 3 octobre pour Hull (port du comté d'York).
Il persiste dans le projet de visiter l'Ecosse avant

Londres. Ainsi s'est terminée cette visite qui a
un moment embarrassé la cour, qui n'a produit
dans le public aucune espèce de sensation et qui
ne laissera après elle que de l'indifférence. L'impression que M. le duc de Bordeaux a faite se
résume en quelques mots du prince de Wittgenstein. — « C'est, me dit-il, un jeune homme doux
et timide, mais ce n'est pas un jeune homme
remarquable, ce n'est pas le duc d'Orléans. — Je
le crois résigné. Il répondait à Mme Franchet,
qui le pressait de chercher une princesse, de se
marier, de continuer sa race : — Je n'ai que
vingt-trois ans ; je n'y pense pas encore, et, d'ailleurs, dans le malheur de ma position il y a du
moins cela de consolant que je pourrai épouser
celle que j'aimerai. — Son âme est à l'état du
calme ; j'ignore quelles pensées peuvent lui sug-
gérer la présomption et l'entêtement de son parti ;
mais s'il n'a pour diriger ses conseils et pour
commander ses armées que M. le duc de Lévis et
le général Vincent, il n'est pas fort à redouter. »

L'opinion des légitimistes est tout autre que
celle du ministre de France à Berlin. Ils sont
pleins d'admiration pour leur prince et de foi
dans son avenir. Son voyage en Angleterre va
être pour eux l'occasion d'une manifestation dont
ils se promettent monts et merveilles. Le gouvernement de Juillet n'est pas sans en éprouver
quelque appréhension. M. Guizot écrit au comte
de Rohan-Chabot, chargé d'affaires de France à

Londres : « La faction fait ici beaucoup de bruit. Je ne crois pas qu'elle veuille faire autre chose; mais pour du bruit elle en veut évidemment, et son bruit blesse ici beaucoup les oreilles. Quoique superficielle à mon avis, la chose doit être traitée sérieusement. Je ne sache pas qu'on ait jamais vu les chefs d'une faction, les premiers et les derniers, jeunes et vieux, députés, gens du monde et journalistes, se donner, ainsi autour d'un prétendant, un rendez-vous éclatant, affiché. Il y a là sans doute autre chose que du respect pour le malheur et le respect est dû à autre chose encore que le malheur. » On est visiblement inquiet dans les sphères officielles françaises, et l'on se demande si le bon effet de l'entrevue d'Eu ne sera pas compromis par la présence du prétendant à Londres.

XIV

BELGRAVE-SQUARE ET LA FLÉTRISSURE

Le duc de Bordeaux a débarqué en Angleterre le 6 octobre 1843. Il s'est rendu en Ecosse, où il est resté quelques semaines, ne voulant pas être à Londres en même temps que le duc et la duchesse de Nemours. Arrivés dans cette ville le 11 novembre, le fils et la belle-fille du roi Louis-Philippe ont reçu de la cour d'Angleterre le plus flatteur accueil. Ils ont été les hôtes de la reine à Windsor. Le duc a tenu, au palais de Buckingham, un lever où le corps diplomatique lui a présenté ses hommages. Il a chassé au renard avec la meute du prince Albert. Un grand bal a été donné en son honneur par l'ambassadeur, le comte de Sainte-Aulaire. Il a quitté Woolwich avec la duchesse, le 26 novembre, pour retourner en France et a été salué au départ par une garde d'honneur de soldats de marine et par les artilleurs d'une batterie de campagne.

Le lendemain 27, le duc de Bordeaux arrive à Londres. Il s'y installe à Belgrave-Square, belle place carrée placée dans le quartier du West-End. La maison est à deux étages. M. de Chateaubriand y loge au-dessous du prince. Un grand nombre de Français, parmi lesquels se trouvent deux pairs de France : le duc de Richelieu et le marquis de Vérac, et cinq députés : le marquis de La Rochejaquelein, M. Berryer, le baron de Larcy, le duc de Valmy et M. Blin de Bourdon sont venus de France avec les représentants des plus grandes familles de la vieille monarchie pour saluer le jeune prince. Reçus une première fois le 27, ils font le 28 une visite à M. de Chateaubriand. Le duc de Bordeaux apparaît au milieu de la visite, et on lui fait une ovation. Le duc de Fitz-James prononce un discours où il traite le prince en roi. Le lendemain, le *Morning-Post* raconte en détail ce qui s'est passé. Grande émotion à l'ambassade de France. Le comte de Sainte-Aulaire, dans une lettre confidentielle au principal secrétaire d'État, lord Aberdeen, déclare que la manifestation de Belgrave-Square est « une véritable conspiration tramée sur le sol anglais au mépris de l'hospitalité », et, dans une note officielle du 6 décembre, il la traite de « scandale affligeant également les gens de bien des deux pays. » L'ambassade a été un instant très inquiète. L'aristocratie anglaise ne serait-elle pas éblouie par les noms historiques des grands seigneurs français venus en Angleterre uniquement pour faire acte de fidélité envers le prétendant ? Ces familles illustres : Montmorency, Chateaubriand, Rohan, Fitz-James, Lévis, Richelieu, La Rochejaquelein, des Cars, La Rochefoucauld, de Lorge, etc., ne formaient-elles pas un cortège imposant qui fascinerait le *peerage* ? Les châtelains anglais ne voudraient-ils pas donner une hospitalité somptueuse au duc de Bordeaux et à ses leudes ? Si la reine Victoria recevait le jeune prince ne fût-ce même qu'officieusement, et sans aucun appareil d'étiquette, ne serait-il pas tout de suite à la mode et ne deviendrait-il pas l'objet d'un de ces engouements mondains très fréquents dans la haute société de Londres ? La grande gloire littéraire de Chateaubriand n'est-elle pas aussi un élément de curiosité, une attraction dont il y a lieu de tenir compte ? Louis-Philippe, beaucoup plus aristocrate et beaucoup moins bourgeois qu'on ne le pense, attache une extème importance à tout cela. Au dire de M. de Viel-Castel, il en parle trop. Il se fait remettre chaque jour la liste des pélerins de Belgrave-Square et toutes les fois qu'il y trouve un nom considérable, il a le tort de ne pas cacher son dépit. Mais enfin ce qu'il craignait le plus a été évité. La reine d'Angleterre n'a pas reçu le duc de Bordeaux, et il a écrit à son « très cher frère et excellent ami » le roi des Belges :

« Veuillez faire savoir à la reine Victoria combien je suis touché, ainsi que toute ma famille, des sentiments qu'elle nous a manifestés sur ce point et de la ténacité qu'elle y a mise. » Les appréhensions du gouvernement de Juillet vont tout à fait cesser. Une lettre de Goritz lui ayant donné de mauvaises nouvelles sur la santé du duc d'Angoulême, le duc de Bordeaux a quitté précipitamment Londres, le 13 janvier 1844, pour aller retrouver son oncle.

Toute cette affaire de Belgrave-Square semblerait terminée. On aurait intérêt dans les sphères officielles françaises à la laisser là et même à l'oublier. Mais la passion ne raisonne pas, et l'incident qui, en Angleterre, n'a eu qu'une médiocre portée, va prendre en France des proportions inattendues. Les colères parlementaires vont se déchaîner, lors de la discussion de l'adresse à la Chambre des députés. Ce sera une explosion de fureur. La commission chargée de rédiger le projet y a inséré cette phrase : « La conscience publique *flétrit* de coupables manifestations ». Le mot *flétrit* va mettre le feu aux poudres. Les légitimistes, se déclarant insultés, sont au comble de l'exaspération et leur courroux sera exploité par les autres partis, impatients de se coaliser contre M. Guizot. Jamais séance plus orageuse que celle du 26 janvier 1844 à la Chambre des députés. M. Berryer ayant fait une allusion au voyage de M. Guizot, qui, en 1815, avait été à Gand voir Louis XVIII, à la veille de la bataille de Waterloo, une tempête formidable s'élève ; les poings se crispent ; les yeux se remplissent d'éclairs ; on vocifère, on hurle. Au dire de M. Doudan c'est comme une meute de chiens de bouchers qui harasse le ministre. Le public des tribunes se met de la partie. On se croirait revenu à la Convention. Les mots de traître, de trahison retentissent. Dédaigneux, impassible au milieu de la bacchanale, M. Guizot répète plusieurs fois : « Je suis allé à Gand. » Les clameurs redoublent. On veut à tout prix l'empêcher de continuer. — Si nous ne pouvons le vaincre, s'écrie un de ses adversaires, il faut l'éreinter. — Et lui, toujours imperturbable : « Messieurs, on peut épuiser mes forces, mais j'ai l'honneur de vous assurer qu'on n'épuisera pas mon courage. » — Et comme un député qui siège au bureau, derrière la tribune, l'engage à se reposer un peu, à reprendre haleine, — « Quand je défends mon honneur et mon droit, répond-il, je ne suis pas fatigable ». Enfin, il obtient le silence. Il fait fièrement l'apologie de sa conduite en 1815, et termine son discours par cette phrase qui sera célèbre : « Quant aux injures, aux calomnies, aux colères extérieures, on peut les multiplier, les entasser tant qu'on voudra, on ne les élèvera jamais au-dessus de mon dédain. » Au dire de M. Doudan, c'est le lion qui a fait taire les chiens. On vote le lendemain 27 janvier : l'ensemble de l'adresse

avec le mot *flétrit* est adopté par 220 voix contre
190. Les cinq députés *flétris* : M. Berryer, le baron
de Larcy, le duc de Valmy, M. Blin de Bourdon et le marquis de la Rochejaquelein donnent
leur démission, mais ils seront réélus tous les
cinq.

M. Guizot, malgré sa victoire, n'est pas sans
tristesse. « Le mot *flétrit*, écrira-t-il dans ses
Mémoires, convenait mal aux scènes de Belgrave-Square et aux personnes qui s'y étaient
engagées. Il leur attribuait un caractère d'im-
moralité et de honte qui n'appartenaient point
au fait qu'on voulait ainsi qualifier ; des devoirs
publics avaient été méconnus, mais l'honneur
n'était point atteint. La flétrissure était une de
ces expressions excessives et brutales par lesquelles les partis s'efforcent quelquefois de dé-
crier leurs adversaires, et qui dépassent les sentiments même hostiles qu'ils leurs portent. »
A quoi tiennent les choses de ce monde ? un mot,
un simple mot, une nuance de style a ranimé
toutes les passions qu'on croyait assoupies. Si, au
lieu du verbe *flétrir*, la commission de l'Adresse
avait adopté le verbe *reprouver*, tout ce cataclysme d'injures, d'invectives, de violences ne se
serait pas déchaîné. Et voici que toutes les vieilles querelles se raniment, que légitimistes, bona-
partistes, républicains, membres de l'opposition
dynastique s'unissent pour exhaler ensemble
contre M. Guizot leurs colères anciennes et nou-

velles. Voici que les salons ressemblent à des clubs où les fureurs de la politique font oublier les traditions de la courtoisie et l'urbanité françaises. Voici, comme le remarque M. de Viel-Castel, que la discussion a jeté entre les partis une irritation telle qu'on n'avait rien vu de pareil depuis plusieurs années, et qu'elle menace de ramener aux époques où les rapports même de société étaient devenus impossibles entre les personnes d'opinions diverses. « Je ne pense pas, écrit M. de Sainte-Aulaire à M. de Barante, que vous soyez retenu par le charme de nos salons. On m'écrit que tous les fauteuils y sont rembourrés d'épines. Tout cela m'afflige fort ; je n'y vois plus d'issue. Le bail des haines politiques est renouvelé pour trente ans. »

Louis-Philippe lui-même, ordinairement si maître de lui, est sorti de son calme habituel. Parmi les députés conservateurs qui n'ont pas voté la flétrissure, se trouve le comte de Salvandy, vice-président de la Chambre des députés, et ambassadeur à Turin. Il se rend aux Tuileries, avec la députation chargée de porter l'adresse au souverain. Louis-Philippe, en l'apercevant, ne se contient pas. Il l'entraîne dans un salon voisin, et lui exprime son mécontentement en élevant la voix à un tel point que les éclats en arrivent jusqu'à l'oreille des députés qui attendent le retour de leur vice-président. A la suite de cette scène M. de Salvandy donne sa démission d'ambassadeur.

La personne la plus affligée des derniers incidents, c'est peut-être la reine. Elle, toujours si
polie, si maîtresse d'elle-même, si grande dame,
elle ne peut s'habituer à une atmosphère de violences et de haines. Une séance comme celle du
26 janvier lui rappelle des souvenirs révolution-
naires qui lui font horreur. Regrettant, plus que
personne, l'hostilité originelle des hommes de
droite, qui est l'une des faiblesses de la monarchie de Juillet, elle espérait que le temps étein-
drait cette hostilité et que les sommités du faubourg Saint-Germain se rallieraient au régime
nouveau. Et maintenant, elle comprend que
c'était là un vain espoir.

XV

LE PRINCE DE JOINVILLE AU MAROC.

La destinée de Marie-Amélie était de vivre au milieu de continuelles alarmes. Après les accalmies, les menaces d'orages revenaient sans cessé. Au lendemain de l'entrevue d'Eu, la reine aurait pu croire que l'entente cordiale entre la France et l'Angleterre était définitive. Cette entente avait été proclamée, ratifiée par les parlements des deux nations au commencement de 1844. Et voici que, quelques jours après, les vieilles haines nationales se ranimaient avec une sorte de fureur. A la nouvelle que l'amiral Dupetit-Thouars avait substitué au protectorat français une prise de possession directe des îles de la Société, l'émotion fut extrême à Paris et à Londres. Le duc de Broglie écrivait alors : « C'est une tuile qui tombe sur la tête du Cabinet. » Pour éviter une brouille avec l'Angleterre, le gouvernement se crut obligé de désavouer l'amiral Dupetit-Thouars et de rétablir purement et simplement le protectorat. Accusé de faiblesse par l'opposition, il n'obtenait à la Chambre des députés qu'une majorité de 46 voix (29 février 1844). Ce fut le moment que le prince de Joinville choisit pour publier sur l'*État des forces navales de la France* une note non signée, mais dont tout le monde savait qu'il était l'auteur. Il y établissait l'insuffisance de la flotte française et reprochait vivement à l'administration de la marine de s'être endormie et d'avoir endormi le pays. Cette remarquable publication n'était, au fond, qu'un acte de patriotisme français ; on voulut y voir, au delà de la Manche, un acte d'hostilité contre l'Angleterre.

En même temps des complications graves surgissaient au Maroc, Abd-el-Kader vaincu dans tout l'intérieur de l'Algérie, s'était établi à l'ouest de la province d'Oran sur la frontière incertaine de l'Empire marocain, et de là il continuait la guerre avec la complicité et le concours de l'empereur Abd-el-Rhaman. Le 30 mai 1844 un corps nombreux de cavaliers marocains vint attaquer le général de Lamoricière dans son camp de Lalla-Maghriana. La guerre avec le Maroc était devenue inévitable. Les Anglais, qui entretenaient de grandes relations commerciales avec ce pays, et tiraient de Tanger la plupart des approvisionnements de Gibraltar, témoignèrent une extrême défiance, et prétendirent que la France méditait une nouvelle conquête aussi importante que celle de l'Algérie.

Les esprits étaient déjà très excités quand il fut résolu que le prince de Joinville porterait son pavillon de contre-amiral sur l'un des vaisseaux de l'escadre d'évolution, et se rendrait, à la tête d'une division navale sur les côtes du Maroc. Le prince prit congé du roi et de la reine à Neuilly, le 17 juin. Marie-Amélie ne vit pas sans émotion le départ de son fils. Elle connaissait le caractère aventureux et intrépide de ce jeune homme de vingt-cinq ans, qui poussait la bravoure jusqu'à la témérité et recherchait comme un plaisir l'excès même du danger. Nature bouillante, patriote jusqu'au chauvinisme, avide de mériter par des actions d'éclat ses décorations et ses grades, il trouvait qu'un fils de Henri IV doit, plus que tout autre, payer de sa personne.

Le prince de Joinville et Bugeaud, maréchal de France depuis le 31 juillet 1843, étaient deux hommes faits pour se comprendre à demi-mot.

Le maréchal écrivit au prince : « Le drapeau de la France a été insulté, et vous et moi sommes chargés de le faire respecter. Le soin de votre gloire, mon prince, doit l'emporter sur la crainte des complications diplomatiques. N'écoutez que les inspirations de l'honneur dont vous êtes la personnification. » Pour toute réponse le prince annonça au maréchal que le 6 août 1844, il avait bombardé Tanger. Après deux heures et demie de canonnade, toutes les batteries étaient éteintes et démantelées. Un récit du bombardement fut reproduit par le *Moniteur*. On y lisait : « Nous avons eu à lutter contre un vent défavorable, une mer très houleuse, et le roulis de nos bâtiments. La conduite de notre jeune et royal amiral a été digne de tout éloge. Pendant toute la durée de l'affaire, nous l'avons vu donner ses ordres avec une présence d'esprit et une fermeté qui lui font le plus grand honneur. La place du péril a toujours été celle où il s'est tenu. En un mot, son maintien, durant toutes les phases du combat, n'a cessé de lui conquérir l'admiration de nos marins et de nos soldats. Une stricte neutralité a été rigoureusement gardée par les vaisseaux anglais et autres étrangers qui ont observé avec beaucoup d'attention tous les mouvements du prince. »

A la lettre lui annonçant le bombardement de Tanger, le maréchal Bugeaud répondit : « Vous avez tiré sur moi une lettre de change, mon prince. Soyez assuré que je ne tarderai pas à y faire honneur. Vive la France ! » L'armée marocaine était massée au delà de l'Isly, rivière qui prend sa source au sud d'Ouehda, près des limites de l'Algérie. Elle se composait surtout de cavaliers, au nombre de quarante-cinq mille suivant les uns, de soixante-mille suivant les autres. Le 1er août, il se passa, au camp français, composé d'environ neuf mille cinq cents hommes, une scène à la fois héroïque et pittoresque, dont un témoin oculaire, M. Léon Roches, a très bien fait le récit.

Dans la matinée, deux régiments de cavalerie, venant de France, étaient arrivés. Les officiers des chasseurs d'Afrique et des spahis avaient invité tous les officiers du camp, que ne retenait pas leur service, à un punch donné dans la soirée en l'honneur des nouveaux venus. Le rendez-vous était un jardin improvisé avec des touffes de lauriers roses et des lentisques, des portiques de verdure, une allée conduisant à une vaste plate-forme, et, pour illumination, des lanternes en papier de diverses couleurs. Le site était si beau, la scène si militaire que les officiers pensèrent faire plaisir au maréchal, en l'envoyant chercher. Très fatigué de sa journée, le vieux guerrier était déjà couché. « J'allai le réveiller, a dit M. Léon Roches. Je reçus une rude bourrade. Mais il était si bon! Il maugréa bien encore un peu pendant le trajet de sa tente au jardin improvisé, car il nous fallait marcher pendant plus d'un kilomètre à travers les inégalités du terrain, embarrassées par les cordes des tentes et les piquets des chevaux. Enfin il arrive sur la plate-forme où le punch est servi dans d'immenses gamelles. Tous les assistants forment le cercle autour du maréchal. Les généraux et les colonels sont à ses côtés. Il prend la parole. D'une voix forte et puissante dont les échos retentissent au loin, le voilà qui s'écrie : « Après-demain, mes amis, sera une grande journée, je vous le promets. Avec ma petite armée, je vais attaquer l'armée du prince marocain qui s'élève à soixante mille hommes. Je voudrais que ce nombre fût double, fût triple, car plus il y en aura, plus leur désordre et leur désastre seront grands. Mais j'ai une armée, lui n'a qu'une cohue. Et d'abord, je vais vous expliquer mon ordre d'attaque. Je donne à ma petite armée la forme d'une hure de sanglier. Entendez-vous bien? La défense de gauche, c'est Bedeau ; le museau, c'est Pélissier ; et moi je suis entre les deux oreilles. Qui pourra arrêter notre forme de pénétration? Ah! mes amis, nous entrerons dans l'armée marocaine comme dans du beurre. » Ce que dit le maréchal, il le fera. Le 14 a lieu la bataille. L'armée traverse à gué l'Isly. « C'est un lion attaqué par cent mille chacals », dira un Arabe. Nulle part l'infanterie française ne se laisse troubler, ni entamer. Elle attend les cavaliers marocains à petite portée, et les arrête par une décharge meurtrière. Pendant deux heures, les Français avancent toujours, et finissent par atteindre la hauteur sur laquelle est le camp du fils de l'empereur du Maroc. A midi, la victoire est complète. Dans son rapport au ministre de la guerre, le maréchal Bugeaud écrira : « Il était midi, la chaleur était grande, les troupes de toutes armes étaient très fatiguées ; il n'y avait plus de bagages, ni d'artillerie à prendre, puisque tout était pris. Je fis cesser la poursuite. Le colonel

Jusuf m'avait fait réserver la tente du fils de l'empereur; on y avait réuni les drapeaux pris sur l'ennemi, au nombre de dix-huit, les onze pièces d'artillerie, le parasol de commandement du fils de l'empereur et une foule d'autres trophées de la journée. Les Marocains ont laissé sur le champ de bataille au moins huit cents morts, presque tous de cavalerie ; l'infanterie, qui était peu nombreuse, nous échappa en très grande partie, à la faveur des ravins. Cette armée a perdu, en outre, tout son matériel ; elle a dû avoir de quinze cents à deux mille blessés. Notre perte a été de quatre officiers tués, dix autres blessés, de vingt-trois sous-officiers ou soldats tués et de quatre-vingt-six blessés. La bataille d'Isly est, dans l'opinion de toute l'armée, la consécration de notre conquête de l'Algérie; elle ne peut manquer d'accélérer de beaucoup la conclusion de nos différends avec l'empire du Maroc. Je ne saurais trop louer la conduite de toutes les armes dans cette action, qui prouve une fois de plus la puissance de l'organisation et de la tactique sur les masses qui n'ont que l'avantage du nombre. »

Le 13 août 1844, lendemain de la bataille d'Isly, le prince de Joinville bombardait Mogador. Laissons la parole au prince. Voici ce qu'il a écrit dans son rapport au ministre de la marine. « Bâtiment à vapeur le *Pluton;* Mogador, le 17 août 1844. Je suis arrivé devant Mogador, le 11. Le temps était très mauvais, et pendant plusieurs jours nous sommes restés mouillés devant la ville sans pouvoir même communiquer entre nous. Malgré des touées de deux cents brasses de chaîne, nos ancres cassaient comme du verre. Enfin, le 15, le temps s'étant embelli, j'en ai profité pour attaquer la ville. Les vaisseaux le *Jemmapes* et le *Triton* sont allés s'embosser devant les batteries de l'ouest avec ordre de les battre et de prendre à revers les batteries de la marine. Le *Suffren* et la *Belle-Poule* sont venus prendre poste dans la passe du nord. Aussitôt que les Arabes ont vu les vaisseaux se diriger vers la ville, ils ont commencé le feu de toutes les batteries. A cinq heures et demie, les bateaux à vapeur portant cinq cents hommes de débarquement ont donné dans la passe, sont venus prendre poste dans les créneaux de la ligne des brigs, et le débarquement sur l'île s'est immédiatement effectué. L'île a été défendue avec le courage du désespoir par trois cent vingt Maures et Kabyles qui en faisaient la garnison. Un grand nombre a été tué. Cent quarante d'entre eux, renfermés dans une mosquée, ont fini par se rendre. Nos pertes, dans cette journée, s'élèvent à quatorze tués et soixante-quatre blessés. Je ne veux pas terminer sans vous dire combien j'ai eu à me louer de tous ceux que j'ai eus sous mes ordres dans la campagne que nous venons de faire. Tout le monde a servi avec un zèle qui ne se puise que dans l'amour ardent du pays, de son honneur, de ses intérêts et dans un dévouement absolu au service du roi. »

Rien de plus modeste que ce rapport du vainqueur. Le prince ne disait pas que, comme à la Vera-Cruz, il avait payé de sa personne avec intrépidité, qu'au moment du débarquement il avait sauté à terre, une cravache à la main, sans même vouloir se laisser devancer par les tirailleurs chargés de repousser les Marocains éparpillés sur les côtes. Il ne disait pas que ceux-ci, bien abrités, choisissaient sûrement leurs victimes, et que lui-même, plusieurs de ses compagnons d'armes ayant déjà été mortellement atteints, il allait être frappé, quand le lieutenant de vaisseau Coupevent des Bois (depuis amiral) le couvrit de son corps et fut blessé à l'épaule. L'audace du prince était récompensée. Maître de l'île qui forme l'entrée du port de Mogador, il y établissait une garnison de cinq cents hommes. Neuf jours avaient suffi pour que la guerre fut terminée sur terre et sur mer.

On comprend facilement quelle joie de pareilles nouvelles inspirèrent au cœur maternel de Marie-Amélie. La reine fut particulièrement touchée par cette lettre d'un officier de marine insérée dans *le Moniteur* : « Devant Mogador, 13 août. Vive Dieu ! le 15 août est une fois de plus un beau jour pour la France ! C'est le 15 août que Louis XIII plaça la France sous la protection de la Vierge. C'est le 15 août que Napoléon signa le concordat, et, enfin, par une étrange coïncidence, c'est ce même jour que le vieux royaume très chrétien s'est trouvé aux prises avec le plus ardent défenseur de l'islamisme. C'était la fête de l'empereur, c'est la fête de la reine, et il me semble que le héros, du haut de sa colonne de bronze, que la noble mère, du fond de son palais, où elle prie pour ses fils absents, seront contents de nous. Tous, sans exception, nous avons fait notre devoir... La nuit approchait ; nos troupes étaient arrêtées par une fusillade très vive, et il fallait être maître de l'île avant la nuit. C'est dans ce moment décisif que l'amiral descendit à terre. Prince par la bravoure comme par le rang, il s'élança sans armes à la tête de la colonne d'attaque, et redoubla ainsi l'enthousiasme des troupes. Déjà cinq officiers avaient été tués ou blessés à côté de lui. Cette noble témérité décida la victoire. » Quelques jours après, le prince obtenait la paix la plus honorable. Le 10 septembre, il faisait signifier aux plénipotentiaires marocains un traité tout rédigé. En deux heures ce traité était signé : « Guerre forte, dit Louis-Philippe, paix généreuse et douce. »

Quelques jours après, le dimanche 29 septembre, 'avait lieu à Paris une solennité qui fut un sujet de légitime orgueil pour la reine. Le roi passait une revue. La tente de l'empereur du Maroc avait été dressée sur le grand bassin des Tuileries, recouvert d'un plancher. Marie-Amélie, les princesses et le comte de Paris se tenaient sur le balcon. Le ministre de la guerre présenta à Louis-Philippe les drapeaux marocains pris à la bataille d'Isly et à Mogador. Ils furent ensuite portés aux Invalides, où ils furent reçus par le général Petit, l'homme des adieux de Fontainebleau. « Je suis fier, dit le général, de voir que nos jeunes soldats sont dignes de leurs aînés de la grande Armée. Oui la France est toujours le pays des légions héroïques, des grands et sublimes dévouements ; c'est par une succession glorieuse de victoires qu'elle a conquis la première place dans l'histoire des peuples, depuis Tolbiac et Rocroi jusqu'à Jemmapes, Wagram, Constantine, Isly et Mogador, et cette place, elle saura la conserver. Soldats, ces trophées que vous m'apportez vont être placés à côté de ceux d'Austerlitz, d'Iéna et de Friedland, c'est-à-dire à côté des trophées les plus glorieux de l'empire. Que ces grands souvenirs soient toujours présents à vos esprits, et qu'ils vous rappellent ce que la France attend de votre constance et de votre valeur ! Vive le roi ! » Puis, au milieu des prières du clergé, les drapeaux furent suspendus aux voûtes de l'église des Invalides. Le temps, pluvieux le matin, était devenu beau dans l'après-midi et favorisa jusqu'au bout une solennité vraiment nationale. La population parisienne, qui a la passion des grands spectacles militaires, était enthousiasmée. Il y avait dans l'air comme un souffle de patriotisme et d'héroïsme. Jamais le roi n'avait passé une revue plus brillante; jamais le peuple ne lui avait fait un meilleur accueil.

Le 1ᵉʳ octobre, le prince de Joinville était de retour à Saint-Cloud. Sa mère, justement fière de lui, le pressait sur son cœur, et remerciait Dieu.

XVI

LOUIS-PHILIPPE A WINDSOR.

Le roi considérait la paix comme son ouvrage. C'est lui qui avait réprimé les passions populaires et empêché les deux grandes nations occidentales d'entrer en lutte pour la querelle de M. Pritchard, ce missionnaire anglais, ancien consul, dont l'arrestation à Taïti avait causé une telle perturbation dans les rapports des cabinets de Paris et de Londres. Un instant la plus terrible conflagration avait paru imminente. Lord Palmerston avait écrit à son frère, le 29 août 1844 : « Les esprits les plus tranquilles commencent à regarder une guerre avec la France comme un événement que toute notre prudence ne peut pas longtemps retarder, et auquel nous devons nous préparer sans délai. Dans une telle guerre, le gouvernement recevra l'appui unanime de la nation entière, et toutes les nouvelles charges qui pourront devenir nécessaires pour cet objet seront volontiers supportées. » Des deux côtés de la Manche, il y avait un paroxysme de colère. Tous les souvenirs de Waterloo et de 1840 s'étaient réveillés. Mais tandis que tout le monde parlait de guerre, Louis-Philippe devenait le souverain pacifique par excellence. Il écrivait au roi des Belges : « Je n'ai pas de patience pour la manière dont on magnifie si souvent des bagatelles en *casus belli*. Ah! malheureux que vous êtes! Si vous saviez comme moi ce que c'est que *bellum*, vous vous garderiez bien d'étendre, comme vous le faites, le triste catalogue des *casus belli* que vous ne trouvez jamais assez nombreux pour satisfaire votre coupable soif de popularité. » Dès que l'orage fut apaisé, Louis-Philippe alla rendre à la reine Victoria la visite qu'elle lui avait faite, et paraître au château de Windsor sous les traits d'un souverain humanitaire, d'un Nestor dont la haute sagesse prévalait dans le conseil des rois.

Eu, 7 octobre 1844.

Six heures du soir. Le roi, la reine, Mme Adélaïde et le duc de Montpensier montent en voiture pour se rendre au Tréport, d'où Louis-Philippe partira pour l'Angleterre.

Tréport, six heures un quart.

Le vice-amiral de La Susse reçoit le roi qui fait ses adieux à la reine et à Mme Adélaïde, puis monte sur le canot de l'amiral avec le duc de Montpensier, les ministres des affaires étrangères et de la marine et le général Athalin, pour se rendre à bord du *Gomer*. Marie-Amélie et sa belle-sœur se portent sur la jetée, pour suivre des yeux le roi qui part.

Sept heures du soir.

Tous les bâtiments en rade au Tréport sont illuminés, et des fusées annoncent que le roi est arrivé sur le *Gomer*, qui le conduira jusqu'à Portsmouth.

Minuit.

La mer est belle, la brise légère. On sent à peine le mouvement du navire. Le roi et sa suite dorment tranquillement. De temps en temps, le ministre de la marine et l'amiral de La Susse paraissent sur le pont. Le *Gomer* est accompagné par trois autres bâtiments ; l'*Élan*, le *Caïman*, le *Pluton*.

8 octobre neuf heures du matin.

Le *Gomer*, avec les trois navires d'escorte, entre dans la rade de Portsmouth, pavillon royal au grand mât, pavillon anglais au mât de misaine. La plage est couverte de monde. Les batteries de terre saluent de vingt et un coups de canon le roi Louis-Philippe; yachts et bateaux à vapeur vont à sa rencontre. Tous les navires anglais sont pavoisés. Le temps est magnifique.

Le roi déjeune à bord du *Gomer*. Après son déjeuner, il reçoit la visite des amiraux anglais, du comte de Sainte-Aulaire, ambassadeur de France à Londres. Le conseil de ville de Portsmouth vient lui présenter ses hommages. Il répond en anglais : « Mon désir a toujours été d'entretenir une bonne et sincère intelligence entre mon pays et le vôtre. Quand je recevais autrefois votre hospitalité, je déplorais la guerre que se faisaient malheureusement les deux nations, et toujours mon intention a été de cultiver les bonnes relations entre les deux pays. Naturellement, je sentais que mon premier intérêt, mon premier devoir étaient pour ma patrie, mais je désirais profondément que nos deux pays fussent en paix l'un avec l'autre. Je pensais et je pense encore que le plus grand intérêt des deux nations, comme celui du genre humain, est la paix. Je regarde aujourd'hui comme une bonne fortune de pouvoir visiter de nouveau vos rivages, et exprimer à Sa Majesté la reine mon affection sincère et ma gratitude pour toutes les marques d'amitié qu'elle m'a données. »

Dix heures du matin.

Arrivée du prince Albert et du duc de Wellington à bord du *Gomer*. Le roi reçoit le prince au haut de l'escalier du navire, et l'embrasse affectueusement. Puis il s'embarque sur le canot du prince, qui l'amène à terre, où l'attendent les voitures de la reine, qui le conduisent au chemin de fer, où un train spécial est préparé pour Windsor. A la gare, un arc de triomphe porte cette incription : « Louis-Philippe est le bienvenu en Angleterre. » A la station de Farnborough, l'étendard royal anglais et le drapeau tricolore de France apparaissent surmontés d'un bouquet de lauriers.

Midi et demi.

Arrivée à Windsor. C'est un spectacle émouvant que l'entrée du roi des Français dans le château qui, commencé sous le règne de Guillaume le Conquérant, agrandi et embelli par tous les souverains anglais pendant un espace de huit siècles, résume et symbolise l'histoire de l'Angleterre. Admirablement situé sur une colline à pente douce, l'antique manoir apparaît sous la forme d'un carré long, séparé en parties presque égales par la Tour Ronde, énorme donjon de trente mètres de diamètre qui domine tous les bâtiments environnants. La voiture où se trouve Louis-Philippe vient de passer sous la porte de George IV. A l'entrée du grand vestibule, la reine Victoria, vêtue d'une robe de soie noire, attend son hôte. Dès qu'il est descendu de voiture, il embrasse la jeune souveraine, puis lui offrant le bras, il s'avance vers la duchesse de Kent. Un déjeuner a lieu dans la salle blanche. Les convives sont Louis-Philippe, la reine Victoria, le duc de Montpensier la duchesse de Kent, le prince Albert.

Après le déjeuner, le roi visite en détail le château : la salle de Van Dyck, qui contient vingt portraits, chefs-d'œuvre de ce maître; la salle du banquet — *Saint-George's Hall* — avec ses panneaux en chêne sculpté de style gothique, ornés par les portraits des souverains anglais depuis Jacques Ier jusqu'à George IV; le salon de Waterloo — *Waterloo Chamber* — qui est éclairé par le haut et qui a de l'analogie avec la cabine d'un navire; la salle des gardes — *Guard Chamber* — où se trouve le bouclier incrusté d'or offert par François Ier à Henri VIII, lors de l'entrevue des deux rois. Dans ce château combien de souvenirs d'une rivalité séculaire : le portrait du duc de Wellington, les trophées de Malborough, le buste de Nelson, et, pour piédestal à son buste un fragment du mât de son célèbre vaisseau, le *Victory!* La présence du roi pacifique forme avec ces souvenirs belliqueux un saisissant contraste.

La presse anglaise consacre au roi des articles

dithyrambiques. Citons celui du *Standard*, en date du 8 octobre : « Louis-Philippe est plus qu'un souverain ordinaire. Le roman de sa vie, la noblesse de son caractère, ses héroïques exploits dans son gouvernement, le mettent au premier rang, si ce n'est au pinacle de tous les princes morts ou vivants. Les nobles luttes de son enfance et de sa jeunesse jusqu'à l'âge mûr, ses batailles, ses voyages à pied en Europe et en Amérique, tantôt général vainqueur dans des combats fameux, tantôt humble maître d'étude dans l'humble école d'un humble village; bref, le récit des aventures du roi, depuis l'âge de dix-huit ans jusqu'à celui de quarante formerait une odyssée complète... Louis-Philippe est le meilleur des rois qui fût jamais en France. » Le *Morning Herald* est peut-être plus enthousiaste encore : « Le roi des Français, dit-il, est, pour nous servir d'une expression de Bacon, la meilleure des merveilles, une merveille pour les hommes sages. Il est reconnu par tout le monde comme le plus grand et le meilleur des rois qui gouvernèrent la France. Que pouvons-nous dire de plus? *Potius tacere quam non satis dicere*. Maintenant donnons au roi la bienvenue anglaise. Puisse-t-il ressentir autant de plaisir à voir le peuple anglais que le peuple anglais en éprouve à le voir! »

9 octobre.

Le roi, qui n'a pas ressenti la moindre fatigue, après son long et rapide voyage, se lève de très bonne heure, suivant son habitude. Il se promène sur les terrasses qui entourent le château, et fait l'ascension de la Tour Ronde, d'où l'on découvre une vue magnifique. La reine lui fait cadeau d'un très beau char à bancs.

10 octobre.

Une foule de visiteurs et de curieux affluent à Windsor, et parmi eux beaucoup de Français. Le char à bancs offert par la reine excite la curiosité générale. Il est étrenné, le même jour, pour la visite que S. M. Britannique va faire avec le roi à Twickenham, joli village situé à douze milles de Windsor. Louis-Philippe y a occupé jadis deux maisons : l'une, pendant l'émigration avec ses deux jeunes frères, le duc de Montpensier et le comte de Beaujolais, l'autre avec sa femme, ses enfants et sa sœur, de 1815 à 1817. Il y est reçu par le propriétaire actuel, lord Mornington, frère du duc de Wellington. De là il se rend, toujours avec la reine, d'abord à Hampton-Court, théâtre des scènes tragiques du règne de Henri VIII, puis à Claremont, propriété du roi des Belges, où un lunch lui est servi. Claremont! Louis-Philippe ne se doute guère des destinées que l'avenir lui réserve dans cette résidence.

La promenade de près de quarante milles à travers les parcs royaux et particuliers qui embellissent les environs de Londres a été une longue ovation. Une foule considérable de piétons et de cavaliers attend le retour du roi à la grande grille du château de Windsor. Les acclamations retentissent. Les dames agitent leurs mouchoirs.

11 octobre.

Un chapitre de l'ordre de la Jarretière est convoqué dans la chapelle de Saint-George, pour investir le roi Louis-Philippe des insignes de l'ordre. L'intérieur de cette chapelle, chef-d'œuvre d'architecture ogivale, est richement décoré de sculptures, de tableaux, de vitraux peints. Au-dessus des stalles des chevaliers de l'ordre apparaissent leurs bannières et leurs écussons. La cérémonie commence à deux heures. Tous les chevaliers prennent leurs manteaux de velours pourpre avec ornements en velours cramoisi. La plupart d'entre eux, lords lieutenants de comtés, portent, sous le manteau, un riche uniforme. Précédé par le prince Albert et le duc de Cambridge, le roi des Français est reçu, à son entrée dans la salle du chapitre, par la reine Victoria et les chevaliers debout. On le fait asseoir sur un fauteuil à la droite de la reine, qui, assistée du prince Albert et du duc de Cambridge, lui agrafe la jarretière à la jambe gauche, puis lui place à l'épaule gauche le ruban, tandis que le chancelier de l'ordre prononce les paroles suivantes : « Porte ce ruban orné de l'image du bienheureux martyr et soldat béni du Christ, Saint-George. Marchant sur ses traces, puisses-tu sortir triomphant de toutes épreuves heureuses et malheureuses, en sorte que, ayant vaincu hardiment tes ennemis du corps et de l'âme, tu puisses non seulement retirer de la gloire de cette lutte fugitive, mais encore recevoir la palme de la victoire éternelle ! » La reine donne ensuite l'accolade au roi des Français, puis il est félicité par tous les chevaliers présents, le prince Albert, le duc de Cambridge, le duc de Rutland, le duc de Wellington, le marquis d'Anglesey, le duc de Dewonshire, le marquis d'Exeter, le duc de Buceleugh, le marquis de Lansdowne, le marquis de Westminster, le duc de Beaufort, le duc de Buckingham et le marquis de Salisbury. A la fin de la cérémonie, la reine revêtue du manteau de l'ordre, et portant à son bracelet la fameuse devise : « Honni soit qui mal y pense, » se lève, et prenant le bras de Louis-Philippe, le reconduit dans ses appartements.

12 octobre.

La corporation de la cité de Londres fait pour le roi des Français ce qu'elle n'a jamais fait pour aucun souverain étranger. Elle sort de l'enceinte de la ville pour présenter ses hommages à l'hôte de la reine. Lord-maire, alderman, shérifs, conseillers, se rendent en grande pompe au château de Windsor et présentent à Louis-Philippe une adresse à laquelle il répond ainsi : « Je suis convaincu, comme vous l'êtes, que la paix et les relations amicales entre la France et l'Angleterre sont pour deux nations faites pour s'estimer et s'honorer mutuellement une source d'avantages égaux et innombrables. Le maintien de ce bon accord est en même temps un gage de paix pour le monde entier, et assure le progrès tranquille et régulier de la civilisation. Je considère ma coopération dans cette sainte œuvre, avec la protection de la divine Providence, comme la mission et l'honneur de mon règne. Je vous remercie au nom de la France et au mien. »

14 octobre.

Louis-Philippe quitte le château de Windsor pour retourner en France. Il monte dans une voiture à quatre chevaux, avec la reine et le prince Albert qui se proposent de le conduire jusqu'à Portsmouth. Cinq autres voitures de la cour suivent, chacune également attelée de quatre chevaux. Le cortège passe par la grande avenue du parc de Windsor, qui est longue de quatre mille huit cents mètres, et se nomme Long Walk, arrive au monticule que domine la statue équestre de George III, puis prend à gauche, et s'arrête un instant dans une clairière de la forêt, d'où l'on peut apercevoir une dernière fois le château. En deux heures et demie, on a franchi la distance de dix-huit milles qui sépare Windsor de Farnborough. Là on prend le chemin de fer de Southampton. A quatre heures on arrive à Gosport, ville située à deux kilomètres de Portsmouth, dont elle n'est séparée que par un petit bras de mer. C'est à Portsmouth que Louis-Philippe avait l'intention de s'embarquer sur le *Gomer*, où il se proposait d'offrir un dîner à la reine. Mais une forte tempête le décide tout à coup à changer son itinéraire. La mer est si houleuse que la longue traversée, en partant de Portsmouth, serait difficile. Il y aurait du retard. Marie-Amélie serait inquiète. La reine Victoria conseille à son hôte de s'embarquer à Douvres pour Calais. La traversée sera plus courte. Louis-Philippe suit ce conseil, et fait ses adieux à la reine, à Gosport. Mais tandis que le roi se dirige vers Londres, d'où il partira pour Douvres, Sa Majesté Britannique, par une délicate attention pour la France, continue sa route jusqu'à Portsmouth, et se rend à bord du *Gomer* où elle prend part au repas qui avait été préparé pour elle et porte un toast en l'honneur de Louis-Philippe absent.

15 octobre.

A trois heures du matin, le roi arrive à Douvres. Un détachement de cavalerie a été disposé par les ordres du duc de Wellington venu en toute hâte, comme gouverneur des cinq ports. Le roi s'embarque à Douvres, sur le paquebot-malle à vapeur français le *Nord*. Il débarque à Calais, dans l'après-midi, au milieu des acclamations. A six heures du soir, il est à Boulogne, où il passe la revue de la garde nationale. A un relais voisin, il trouve la reine Marie-Amélie, venue à sa rencontre. Le 16 octobre, à quatre heures du matin, il est de retour au château d'Eu.

Reçu peu de temps après par Louis-Philippe, Victor Hugo a écrit dans les *Choses vues* : « Le roi est gai, bon, affable et causeur. Son voyage en Angleterre l'a charmé. Il m'en a parlé une heure et demie avec force gestes et imitations de l'accent anglais et des pantomimes anglaises. —J'ai été fort bien accueilli, me disait-il. La foule, les acclamations, les salves d'artillerie, les banquets, cérémonies, fêtes, visites des corps de ville, rien n'a manqué. Dans tout cela, deux choses surtout m'ont touché. Près de Windsor, à un relais, un homme qui avait suivi ma voiture en courant, s'est arrêté près de moi en criant trois fois : « Vive le roi! » en français. Puis il a ajouté toujours en français : — « Sire, « soyez le bienvenu chez ce vieux peuple d'An- « gleterre, vous êtes dans un pays qui sait vous « apprécier. » Cet homme ne m'avait jamais vu, et ne me reverra jamais. Il n'attend rien de moi. Il m'a semblé que c'était la voix du peuple. Cela m'a ému plus que tous les compliments. En France, au relais avant Eu, un ivrogne, me voyant passer, a dit à haute voix : — « Voilà le « roi de retour. Tout est bien. » — Les Anglais sont contents. Les Français seront tranquilles : paix et satisfaction des deux peuples, c'était, en effet, mon but.

Le voyage à Windsor avait été pour le roi un succès personnel. Les articles les plus enthousiastes que les journaux anglais lui avaient consacrés furent traduits et reproduits dans le *Moniteur*; ils firent un grand plaisir à la reine Marie-Amélie, qui avait pour son époux une affection et une admiration sans bornes.

XVII

LE MARIAGE DU DUC D'AUMALE

L'année 1844 réservait à Marie-Amélie un grand bonheur. Le duc d'Aumale allait contracter un mariage qui réalisait les vœux les plus chers de sa mère. La reine avait toujours conservé pour sa patrie et sa famille napolitaines une affection profonde. Marier ses enfants à des princes et à des princesses de la maison des Bourbons de Naples avait été l'un des rêves de sa vie. Vers la fin de la Restauration, le mariage de sa fille Louise (plus tard reine des Belges) avec le prince royal des Deux-Siciles (le futur roi Ferdinand II) était à peu près convenu, et Charles X s'y employait, comme chef de la maison de Bourbon, mais ce projet fut emporté par la Révolution de Juillet. En 1835, la reine avait espéré que sa fille, la princesse Marie, épouserait le comte de Syracuse, frère du roi de Naples, Ferdinand II.

Elle avait été très peinée que cette union n'eût pas lieu. L'année suivante, Ferdinand II ayant perdu sa première femme, Christine de Savoie, fille du roi de Sardaigne, Victor-Emmanuel Ier, Marie-Amélie avait eu l'idée de le marier à une de ses filles, la princesse Marie, ou la princesse Clémentine. Mais ce projet n'avait pas mieux réussi que le premier, et Ferdinand II, au lieu d'épouser une des filles du roi des Français, s'était marié, en 1837, avec la fille du célèbre archiduc Charles, l'archiduchesse Thérèse, cette princesse dont le duc d'Orléans aurait voulu demander la main. Le mariage du duc d'Aumale devait être la revanche d'échecs qui avaient été pénibles à sa mère.

Le jeune prince s'étant rendu une première fois à Naples, en 1843, y avait été accueilli de la manière la plus cordiale par son cousin germain le roi Ferdinand II. Parti des Tuileries, le 14 octobre, il avait fait le voyage par terre. A Turin, le roi Charles-Albert, et à Gavone, la reine Christine, sœur de Marie-Amélie, et veuve du roi Charles-Félix, l'avaient reçu de la manière la plus flatteuse. Des manœuvres avaient eu lieu en son honneur, et le roi Charles-Albert lui avait fait présent d'un superbe cheval. En Toscane, le grand-duc ne l'avait pas moins bien accueilli. A Rome, le pape lui avait donné plusieurs audiences et offert une mosaïque d'un grand prix, faite d'après la Sainte-Cécile du Dominiquin.

Le duc d'Aumale arriva à Naples le 4 novembre 1843. Le roi, dès qu'il apprit que le prince s'approchait de la capitale, alla à sa rencontre jusqu'à Capodichino. Le duc d'Aumale entra dans la voiture du roi et tous deux se dirigèrent vers le Palais-Royal. Le jeune prince s'y entretint avec la reine-mère et toute la famille du roi, puis il se rendit au palais de Chiatamone, qui avait été expressément préparé pour lui. Dès qu'il parut, il séduisit la cour par sa bonne grâce, comme par le charme de sa conversation et par son tact exquis.

La famille royale des Deux-Siciles se composait alors des personnages suivants :

Le roi Ferdinand II, né en 1810, monté sur le trône en 1830.

Enfant du premier mariage du roi :

François, duc de Calabre, prince royal, né en 1836 (plus tard roi sous le nom de François II).

Enfants du second mariage du roi :

1° Le comte de Trani, né en 1838 ;

2° Le comte de Caserte, né en 1841 ;

Frères et sœurs du roi :

1° La duchesse de Berry, née en 1798 ;

2° Marie-Christine, reine douairière d'Espagne, née en 1806 ;

3° Le prince de Capoue, né en 1811 ;

4° Le comte de Syracuse, né en 1813 ;

5° Marie-Antoinette, grande-duchesse de Toscane, née en 1814 ;

6° Marie-Amélie, née en 1818, mariée à l'infant d'Espagne, don Sébastien ;

7° Caroline-Ferdinande, née en 1820 ;

8° Thérèse-Christine-Marie, née en 1822, mariée en 1843, à l'empereur du Brésil, don Pedro II ;

9° Comte d'Aquila, né en 1824 (qui épousa en 1844 la princesse Juanaria, sœur de l'empereur du Brésil) ;

10° Le comte de Trapani, né en 1827.

Reine douairière, mère du roi :

Marie-Isabelle, née en 1789, fille de feu Charles IV, roi d'Espagne, veuve du roi des Deux-Siciles, François Ier ;

Oncles et tantes du roi :

1° Marie-Christine, née en 1779, veuve du roi de Sardaigne Charles-Félix ;

2° Marie-Amélie, née en 1782, reine des Français ;

3° Léopold-Jean, prince de Salerne, né en 1790, marié en 1816 à Marie-Clémentine, archiduchesse d'Autriche, née en 1798, fille de l'empereur François Ier, sœur de l'empereur Ferdinand et de Marie-Louise, l'ancienne impératrice des Français.

Le prince et la princesse de Salerne n'avaient qu'un enfant : la princesse Marie-Caroline-Auguste, née le 26 avril 1822, quarante ans jour pour jour après la naissance de sa tante la reine des Français. C'est cette princesse Marie-Caroline-Auguste des Deux-Siciles qui était destinée à devenir la femme de son cousin germain le duc d'Aumale.

Le duc fut tout de suite séduit par les charmes et les qualités morales de la jeune princesse. Il s'aperçut aussi qu'il lui plaisait, et désira le mariage qui ne devait s'accomplir que l'année suivante. Comblé d'amitiés et de prévenances par la famille royale, pendant un séjour qui dura du 4 au 12 novembre 1843, il put dès lors se persuader que lorsqu'il ferait sa demande, elle serait agréée.

L'ambassadeur de France à Naples, le duc de Montebello, fils aîné du maréchal Lannes, écrivait à M. Guizot, le 15 novembre 1843 : « Durant tout le séjour de Mgr le duc d'Aumale, les sentiments du roi de Naples et ceux de toute sa famille, loin de se démentir, se sont montrés chaque jour d'une manière plus satisfaisante, et l'affection que le prince a su inspirer au roi et à la famille royale, a donné à l'accueil qui lui avait été préparé un caractère tout particulier... En résumé, le séjour du prince a été, depuis le premier moment jusqu'au dernier tout ce qu'il était possible de désirer. Le roi lui a fait un accueil tout à fait sans exemple, et jamais aucun prince des familles régnantes en Europe n'a été reçu comme vient de l'être M. le duc d'Aumale. Cet accueil a été au delà même de ce que S. M. Sicilienne s'était proposé. Elle avait voulu nous té-

moigner combien elle attache de prix à ses relations de famille. Elle avait voulu prouver aussi
au gouvernement du roi sa reconnaissance et
son désir de marcher étroitement avec lui; tout
cela était arrêté à l'avance dans sa pensée, mais
ce qui ne l'était pas, c'est cet abandon, cette
cordialité expansive que Mgr le duc d'Aumale a
su provoquer par son naturel aimable. »

Comme ces paladins qui, lorsqu'ils aimaient
une jeune fille, cherchaient à mériter son cœur
par de nouveaux exploits, et arrivaient au bonheur par le chemin de la gloire, le prince se rendit de Naples en Algérie où il passa près d'une
année. Le 21 novembre 1843, il débarquait à
Alger. Le 25, la ville lui offrait un bal par souscription. Il dansait avec une fille du maréchal
Bugeaud. Le buste de la reine avait été élevé au
centre de la salle, avec cette inscription : « A la
Protectrice des pauvres ». Le 28, il s'embarquait
à bord de l'*Asmodée*, pour Constantine, où il
allait prendre le commandement de la province.
Le 4 décembre, en entrant dans la ville, il était
escorté par un magnifique cortège de cavaliers
français et arabes. Une foule immense s'était
portée à la rencontre de celui qu'elle appelait le
Fils du Sultan, et se répandait sur les bords de la
route en spirale qui conduit du gué de Rhummel
au sommet du Rocher. Au moment où le prince
franchit la porte de la Brèche, un ballon aux
couleurs nationales françaises s'élançait dans les

airs ; les cris de joie retentissaient et se mêlaient pendant longtemps aux fanfares et au bruit du canon. Le soir un feu d'artifice était tiré sur le Condiat-Aty.

Le prince s'installait dans l'ancien palais des Beys, et y tenait une sorte de cour militaire. Le 21 février 1844, il partait pour l'expédition de Biscara avec son jeune frère, le duc de Montpensier, qui allait sous ses ordres recevoir le baptême du feu. Tous deux se distinguaient. L'aîné se montrait comme toujours, habile et intrépide général. Le cadet, en sa qualité d'officier d'artillerie, dirigeait avec bonheur deux obusiers de montagne qu'il commandait. Les Ouled-Zeian, une des tribus les plus puissantes de l'Aurès, faisaient leur soumission. A son retour à Constantine, le duc d'Aumale vainqueur était accueilli avec enthousiasme. Le 29 juillet, on lui offrait un banquet de trois cents couverts dans la salle d'armes de l'arsenal, décorée de trophées et de feuillage. « Rien ne saurait mieux convenir, dit-il, qu'un toast à notre vieille France. Au nom de tous ceux qui, dans cette contrée lointaine, viennent la servir et risquer leur vie pour elle, je bois à notre mère commune, et, comme disaient nos pères, à la prospérité et à la gloire de la grande nation. » Le prince quittait Constantine le 3 octobre 1844 pour retourner en France. Le 21, il arrivait au château d'Eu, où il revoyait son père et sa mère, après un an d'absence. Il allait bientôt repartir pour épouser à Naples la princesse Caroline-Auguste de Salerne.

Il fut décidé que le mariage serait célébré le 25 novembre 1844, jour de la Sainte-Catherine, anniversaire du mariage de Louis-Philippe et de Marie-Amélie. Le duc d'Aumale et le prince de Joinville partirent des Tuileries, le 12 novembre. Ils étaient accompagnés par le général comte Durosnel, aide de camp du roi, chargé de le représenter, par le capitaine de corvette Touchard, officier d'ordonnance du prince de Joinville, par le général baron Jamin, aide de camp du duc d'Aumale, le marquis de Beaufort d'Hautpoul, son officier d'ordonnance, et M. Cuvillier-Fleury, son secrétaire des commandements. Ils emmenèrent également à Naples la comtesse de Saint-Mauris et la comtesse de Coiffier d'Effiat, qui venaient d'être nommées, l'une dame pour accompagner, l'autre lectrice de la future duchesse d'Aumale. Toulon, où ils s'embarquèrent, leur fit, le 16 novembre, le plus brillant accueil. Peu après leur départ, la reine Marie-Amélie tomba malade, et fut vivement agitée par la crainte de ne plus les revoir. Comme la fièvre l'avait quittée, et que M. Trognon lui disait qu'elle serait vite guérie : — « Ah ! ne me dites pas cela, s'écriat-elle, il y a quelque chose en moi qui me dit que je ne verrai point ce mariage que j'ai tant désiré. » Heureusement c'était là un faux pressentiment, la reine se rétablit promptement, et Dieu lui accorda la joie qu'elle lui avait tant demandée.

17 novembre 1844. Huit heures du soir.

Les bateaux à vapeur le *Gomer* et le *Labrador*, portant le prince Joinville, le duc d'Aumale et leur suite arrivent en rade de Naples par un temps magnifique. Les vaisseaux le *Marengo*, l'*Alger* et l'*Océan*, composant l'escadre française sous les ordres du contre-amiral Parseval-Deschesnes, ont allumé des feux pour éclairer l'approche des deux steamers. Les princes débarquent près du château de l'Œuf. Prévenu de leur arrivée, le roi Ferdinand quitte aussitôt le théâtre de San Carlo, en faisant exception à toutes les règles de l'étiquette, et se rend au palais de Chiatamone, où il reçoit ses hôtes. Il leur témoigne de la façon la plus affectueuse tout le plaisir qu'il éprouve de les voir, puis retourne avec eux au théâtre de San Carlo, où est réunie toute la famille royale.

20 novembre.

Les princes français visitent l'escadre de l'amiral Parseval-Deschesnes, passent la journée chez le prince de Salerne, et dînent chez le roi. Le 22, ils reçoivent les ministres et le corps diplomatique.

25 novembre.

Le mariage du duc d'Aumale et de la princesse Marie-Caroline de Salerne est célébré en grande pompe dans la chapelle du palais royal.

A dix heures du matin, les deux fils de Louis-Philippe s'y rendent, en partant du palais de Chiatamone. Les rues qu'ils doivent parcourir, principalement la rue de Tolède, présentent un éblouissant coup d'œil. Partout des arches triomphales, des guirlandes de fleurs, des tentures aux croisées, des régiments dont les musiques confondent leurs fanfares avec les carillons des mille cloches de la ville. Les deux princes sont acclamés à leur arrivée au palais royal. Les témoins du duc d'Aumale sont le duc de Montebello, le général Durosnel et l'amiral Parseval-Deschesnes; ceux de la princesse Caroline le marquis de Pietracatella, président du conseil des ministres, le prince de Bissignano, grand-maître de la maison du roi, et le chevalier Parisio, ministre de la justice. Le prince de Joinville et le duc d'Aumale portent le grand cordon de Saint-Ferdinand, dont le roi est venu la veille, leur remettre les insignes. Lui-même porte le grand cordon de la Légion d'honneur. Après la signature de l'acte civil, on passe dans la chapelle du palais. Un trône y a été élevé à droite du maître autel. Le roi et la reine y prennent place, ayant derrière eux les principaux personnages de la cour, en grand uniforme. En face du trône, des prie-Dieu ont été disposés pour les jeunes époux. Dans une tribune est la reine mère, ayant à sa droite le prince de Joinville et le comte de Syracuse, à sa gauche l'infant d'Espagne don Sébastien et l'infante, sœur du roi. Le chapelain de semaine donne lecture du bref du pape, qui accorde aux époux la dispense nécessaire pour les mariages entre cousins germains. Puis la cémonie commence. Le mariage est célébré par le grand aumônier, archevêque de Leucosie, assisté de Mgr Corbi, doyen des chapelains. A ce moment tous les vaisseaux en rade, notamment deux vaisseaux anglais, envoyés de Malte par l'amiral Sir Robert Owen, le *Formidable* et l'*Hécla*, joignent leurs salves d'artillerie aux saluts de l'escadre française. Le peuple napolitain mêle ses acclamations joyeuses au bruit du canon qui retentit dans l'immense rade depuis Misène jusqu'à la Campanella, Après la cérémonie, le duc et la duchesse d'Aumale se rendent chez le prince et la princesse de Salerne, où ils reçoivent les hommages et les félicitations de toutes les personnes qui ont assisté au mariage. La ville est illuminée. Une représentation de gala est donnée au théàtre de San Carlo. Quand les nouveaux mariés paraissent dans la salle, leur entrée est saluée à trois reprises par les applaudissements du public.

27 novembre.

Le roi et la famille royale vont visiter le *Gomer*. Ils y sont reçus par le prince de Joinville et le duc et la duchesse d'Aumale. Ils déjeunent à bord. Dans la journée les nouveaux mariés se rendent sur le vaisseau amiral de l'escadre française, où les officiers des trois navires l'*Océan*, le *Marengo* et l'*Alger* les félicitent. Le soir, dîner en famille chez le roi. Après le dîner, grand bal ouvert par le roi avec la duchesse d'Aumale, par le prince de Joinville avec la reine, par le duc d'Aumale avec la princesse Caroline, sœur du roi.

29 novembre.

Chasse au sanglier, à Caserte. Le soir, bal offert à Leurs Altesses Royales par la noblesse napolitaine. Toute la famille royale y assiste.

30 novembre.

Le duc de Montebello donne un grand bal, à l'ambassade de France. Le roi, la famille royale, les princes français, la cour, la haute société de Naples et les étrangers de distinction sont présents à cette fête.

1er décembre.

Le prince de Joinville et le duc et la duchesse d'Aumale, qui doivent partir le lendemain, font des visites d'adieux au roi et à chaque personne de sa famille.

2 décembre.

Ils s'embarquent à onze heures et demie sur le *Gomer*. A midi le roi et la reine, ainsi que le prince et la princesse de Salerne, se rendent à bord de ce bâtiment, pour les voir quelques instants encore. Le *Gomer* hisse le pavillon royal des Deux-Siciles au milieu des salves d'artillerie.

Les adieux de la duchesse d'Aumale à ses parents, qu'elle n'avait jamais quittés, sont très émouvants et font verser des larmes abondantes. A deux heures, le *Gomer* met à la voile.

Le 4 décembre, le duc de Montebello écrit à M. Guizot : « L'intérêt que la présence des princes a excité à Naples s'est augmenté tous les jours, et leur séjour a prouvé que la réception qui leur a été faite était basée sur les sympathies de plus en plus vives de la nation et sur l'affection de la famille royale et du roi. Le mariage de M. le duc d'Aumale a produit le plus heureux effet, et les personnes les moins empressées à le reconnaître n'ont pu s'empêcher d'être frappées à la vue de l'union chaque jour plus intime des deux familles royales et des deux nations. Ces sentiments se sont manifestés d'une manière évidente dans les fêtes qui ont suivi le mariage.

Marseille, 5 décembre.

Depuis dix heures du matin, la ville a pris un air de fête. On attend avec impatience l'arrivée du prince de Joinville et du duc et de la duchesse d'Aumale. Au bas de la Canebière, on a élevé un arc de triomphe qui rappelle celui du Carrousel. Deux mâts, parés de longues banderoles aux couleurs françaises et napolitaines, se dressent sur le quai, à l'endroit même où les princes doivent débarquer. Toute la population ne cesse d'interroger des yeux les vigies, qui gardent pendant toute la journée un mutisme complet, au milieu des brumes de l'atmosphère. La foule, de plus en plus compacte, brave patiemment l'humidité, le froid, les incertitudes de l'attente. A six heures du soir, un coup de canon annonce que les princes vont arriver. Une immense acclamation retentit. Malgré la quantité de navires qui encombrent le port, on est parvenu à ménager au milieu du bassin un espace suffisant pour le passage du *Gomer* et du *Labrador*, qui s'avancent entre une double rangée de bâtiments pavoisés. Au moment où les princes débarquent, le maire de Marseille, M. Reynard, leur souhaite la bienvenue. « Prince de Joinville, dit-il, vieux marin de vingt-six ans, qui comptez déjà dix années de mer, nous avons suivi tous vos pas dans votre carrière de prédilection, et nous avons retrouvé le royal enfant qui se hasardait à treize ans sur l'Océan, dans le vaillant capitaine qui combattait à Saint-Jean d'Ulloa, dans l'illustre amiral qui commandait à Tanger et à Mogador. » Le maire fait ensuite l'éloge du duc d'Aumale. Après avoir rappelé les faits d'armes du prince, il ajoute : « Marseille, métropole d'Alger, vous prie de distinguer l'impression particulière de sa reconnaissance au milieu des hommages que vous allez recueillir. » Puis, se tournant du côté de la duchesse d'Aumale : « C'est à vous d'acquitter notre dette, Madame; telle est la pensée intime d'une population généreuse et enthousiaste qui va se presser sous vos pas, et dont votre gracieuse bonté aura bientôt gagné tous les cœurs. » Après cette harangue, les deux princes montent à cheval, et la duchesse d'Aumale prend place dans une calèche aux armes de la ville. Chacun cherche à distinguer les traits de la duchesse à la lueur des torches. Le cortège arrive a l'hôtel d'Orient à huit heures et demie du soir. Trente jeunes filles vêtues de blanc félicitent la duchesse. A dix heures du soir, malgré les fatigues du voyage, elle se rend, avec son mari et son beau-frère, au Grand-Théâtre, où on lui fait une ovation. Elle porte une robe blanche, ses cheveux blonds n'ont d'autres ornements que des roses. Sa beauté si fine, si distinguée, excite l'admiration générale. Au moment où elle entre dans la salle avec les deux princes, le troisième acte de la *Juive* est suspendu, et un acteur donne lecture d'une pièce de vers composée par M. Joseph Autran, le poète marseillais, en l'honneur de Leurs Altesses Royales.

Marseille, 6 décembre.

La duchesse d'Aumale sort dans une voiture de place, et se rend à l'église Saint-Charles, pour y entendre la messe. Dix personnes à peine se trouvent en ce moment dans le lieu saint. Mais dès qu'on apprend dans le voisinage la présence de la princesse, une nombreuse affluence se porte vers l'église. Quand Son Altesse Royale, précédée de la croix, et accompagnée par le clergé jusqu'au porche, retourne à sa voiture, elle s'avance à travers une double haie de personnes accourues pour la saluer. Dans la journée, réception des corps constitués, revue dans les allées de Meilhan, visite du collège et des hôpitaux.

Marseille, 7 décembre.

Visite à l'établissement des sourds-muets. A la fin d'un compliment qu'une jeune sourde-muette adresse à la duchesse d'Aumale, au nom de ses compagnes, et qui semble plutôt parlé que mimé, tant la pauvre enfant y met d'expression, la duchesse d'Aumale embrasse la jeune fille.

Le soir, bal au Grand-Théâtre. Abondance d'orangers, de camélias, de myrtes, de lauriers. Au milieu des fleurs, les chiffres du prince de Joinville et du duc et de la duchesse d'Aumale. Faisceaux de drapeaux entourant des médaillons qui portent les noms de Tanger, Mogador, Biskra, la Smala. Au moment où les princes entrent dans la salle, l'orchestre joue la *Marseillaise*.

10 décembre.

Arrivée à Lyon.

11 décembre.

Grand'messe à la Primatiale. L'archevêque reçoit le duc et la duchesse à la porte de l'église. Le soir, bal au Grand-Théâtre. On lit dans un journal de Lyon. « Le duc d'Aumale n'a pas dansé, mais il est souvent descendu dans la salle, où il s'est entretenu avec beaucoup d'officiers. C'est un très beau militaire, d'une noble et énergique physionomie, et de manières franches et cordiales en même temps que distinguées et chevaleresques. Il a parlé avec beaucoup d'effusion et de chaleur des épisodes de la guerre auxquels il a pris part et de l'Algérie dont il paraît avoir chaudement épousé la cause. »

14 décembre.

Arrivée à Paris. Le roi et la reine descendent jusqu'au bas du grand escalier des Tuileries pour recevoir leur nouvelle belle-fille. Toute la famille royale est réunie. Le soir, grand dîner dans la galerie de Diane. Le roi et la reine des Belges sont parmi les convives.

La duchesse d'Aumale, produit sur sa nouvelle famille la meilleure impression. Marie-Amélie remercie Dieu. Sa bru est, comme elle-même, une Bourbon par la ligne masculine, et, par la ligne féminine, une Habsbourg. C'est une princesse catholique, une princesse vertueuse et charmante, appartenant à la plus illustre maison de l'univers. Voilà donc un mariage qui réunit tous les avantages, toutes les convenances, et qui, de part et d'autre, est un mariage d'inclination! La reine a vu tout de suite que la duchesse d'Aumale, par sa grâce et son charme, comme par son intelligence, son instruction, son caractère, sa piété, offre à son époux toutes les garanties d'un bonheur durable. Marie-Amélie ne se trompe pas. La duchesse s'associera à toutes les joies, à toutes les douleurs, à tous les travaux de son mari. Elle s'identifiera avec lui au point de recopier ses manuscrits et de lui servir de secrétaire pour ses œuvres de littérature et d'histoire. En France et en Algérie, comme sur la terre d'exil, aux jours de prospérité, comme aux jours de malheur, elle sera pour lui une compagne dévouée, une conseillère, une amie, une consolatrice.

XVIII

LA SECONDE ENTREVUE D'EU

L'année 1845 se passa tranquillement pour la reine Marie-Amélie. Il n'y eut de crise ni à l'intérieur ni à l'extérieur. La dynastie semblait consolidée. Les partis n'avaient plus leur ancienne ardeur, et le ministère triomphait dans toutes les occasions. Rien ne troublait l'accord entre la France et l'Angleterre. L'affaire du droit de visite, qui avait soulevé de si violentes tempêtes, recevait une solution conforme aux intérêts de la France. Le traité du 29 mai 1845 substituait à ce droit de visite, que l'Angleterre avait semblé longtemps ne vouloir jamais abandonner, le système des deux escadres de croiseurs, l'une française, l'autre anglaise, chargées de réprimer la traite. C'était là un succès dont le gouvernement du roi Louis-Philippe était justement fier. « La session de nos Chambres finit bien, écrivait

M. Guizot, le 22 juillet; mes amis sont confiants, mes adversaires sont découragés. »

Le roi se félicitait d'avoir, par sa sagesse, rétabli le bon accord entre les cabinets de Paris et de Londres. Ses deux premières entrevues avec la reine Victoria, l'une à Eu, en 1843, l'autre à Windsor, en 1844, lui avaient laissé la meilleure impression, et il eût désiré qu'une pareille rencontre se renouvelât tous les ans. Ce vœu ne semblait pas devoir se réaliser pour l'année 1845. La reine d'Angleterre s'était dirigée vers l'Allemagne, afin d'y rendre au roi de Prusse Frédéric-Guillaume IV la visite que ce prince lui avait faite. Après être passée par la Belgique, elle s'arrêta à Brühl, près de Cologne, et le souverain prussien la reçut avec une grande pompe. Il profita de la circonstance pour évoquer, dans le toast suivant, les souvenirs de Waterloo : « Messieurs, remplissez vos verres! Il y a un mot d'une inexprimable douceur pour les cœurs britanniques et allemands. Il y a trente ans, on l'entendit proférer sur les hauteurs de Waterloo par des voix anglaises et allemandes, après des jours de combat terribles, pour marquer le glorieux triomphe de nos frères d'armes. Aujourd'hui, il résonne sur les rives de notre Rhin bien-aimé, au milieu des bénédictions de la paix, qui est le fruit sacré du grand combat; ce mot, c'est Victoria. Messieurs, buvez à la santé de S. M. la reine Victoria et à celle de son auguste époux. » Des fêtes magnifiques furent données en l'honneur de la reine à Bonn, à Stoltzenfels, à Coblentz. Elle se rendit ensuite de Prusse en Saxe, et fit une sorte de pèlerinage conjugal à Cobourg, patrie du prince Albert, son mari tant aimé. Aux pompes de l'étiquette et aux splendeurs du trône, la jeune reine préférait le bonheur de la vie intime. Elle se plut beaucoup dans cette « chère petite Allemagne », comme elle disait elle-même, dans cette paisible ville de Cobourg, dont les coutumes patriarcales la charmaient. Elle y avait été accompagnée par la reine des Belges, qui recherchait toujours les occasions de servir les intérêts diplomatiques de son père, le roi Louis-Philippe.

Le voyage en Prusse avait paru justifier l'opinion des personnes qui soutenaient que la fameuse entente cordiale entre les cabinets de Paris et de Londres était un leurre. En France, où l'on se croyait toujours menacé par l'éventualité d'une coalition des grandes puissances européennes, le toast de Frédéric-Guillaume IV avait rappelé les souvenirs de la Sainte-Alliance et motivé de pénibles commentaires. La reine des Belges s'efforça de persuader à la reine d'Angleterre que le meilleur moyen de dissiper cette mauvaise impression et de donner un gage éclatant aux idées pacifiques était de faire une visite au roi Louis-Philippe avant de retourner à Londres, et de prouver ainsi que rien n'était changé depuis les entrevues d'Eu et de Windsor. La reine Victoria, qui avait une sympathie réelle pour la famille d'Orléans, suivit volontiers ce conseil.

Eu, 8 septembre 1845. 7 heures du matin.

Quelques coups de canon, tirés dans le lointain, signalent le yacht royal *Victoria and Albert*, qui porte la reine d'Angleterre et son époux.

Sept heures et demie.

Louis-Philippe et Marie-Amélie montent en voiture, et se dirigent vers le Tréport. Au Tréport, le roi, accompagné du prince de Joinville, du duc Auguste de Saxe-Cobourg-Gotha et de M. Guizot, se rend en canot, sur le navire le *Var*, à bord duquel il va à la rencontre de la reine Victoria. A neuf heures et demie, il aborde le yacht *Victoria and Albert*, où la reine lui fait l'accueil le plus cordial. Sa Majesté Britannique et son époux descendent ensuite avec le roi dans un canot qui les conduit à la plage du Tréport.

« La reine, est-il dit dans le *Moniteur*, pouvait, d'Anvers ou d'Ostende, gagner en trois heures le rivage d'Angleterre. Pour venir serrer la main du roi des Français, elle a préféré à cette courte traversée un séjour à bord de près de trente-six heures. Quand elle a paru sur le rivage du Tréport lundi matin, 8 septembre, elle n'avait pas couché à terre depuis Cologne, c'est-à-dire depuis le vendredi soir. Aussi, la population lui a-t-elle témoigné, par des acclamations qui retentissaient de toutes parts longtemps après son passage, combien le tact français apprécie ces preuves d'amitié si éclatantes données à l'auguste chef de la France et dont il est impossible de ne pas être ému, en songeant que cette amitié est le gage du repos et du bien-être de l'univers. »

En débarquant au Tréport, la reine Victoria trouve la reine Marie-Amélie, qui l'embrasse tendrement. On monte dans les voitures de la cour, et, en quelques minutes on est au château d'Eu.

Dès son arrivée, la reine d'Angleterre visite la galerie appelée, en son honneur, la galerie Victoria, et composée de tableaux représentant diverses scènes de son premier voyage à Eu, en 1843, et de celui du roi Louis-Philippe à Windsor, en 1844. Ceux des tableaux, œuvres de Couder, Gosse, Alaux, Winterhalter, qui ne sont pas encore achevés, ont été remplacés provisoirement par des esquisses faites à la hâte. Les deux extrémités de la galerie sont occupées, d'un côté par le portrait de la reine Victoria, placé entre ceux du prince Albert et de la reine des Belges ; de l'autre par ceux du roi et de la reine des Français. Ces cinq portraits en pied sont de Winterhalter. Au-dessous de celui de Sa Majesté Britannique, Louis-Philippe a fait placer un magnifique vase d'or et d'argent dont elle lui a fait cadeau, et qui représente saint Georges pourfendant le dragon. La galerie, avec ses boiseries de chêne rehaussées de filets d'or et faites aussi rapidement que les peintures, charme la jeune souveraine. Elle entre ensuite dans les appartements qu'elle occupait l'année précédente, et y trouve les portraits en pied de son père et de sa mère, le duc et la duchesse de Kent.

A déjeuner, le roi des Français a la reine d'Angleterre à sa droite, et la princesse de Salerne à sa gauche. La reine Marie-Amélie est placée entre le prince Albert et le prince de Salerne.

Après le déjeuner on fait, par un temps magnifique, une promenade dans le parc et au Tréport. Louis-Philippe et Marie-Amélie, la reine Victoria et le prince Albert, Mme Adélaïde, la duchesse d'Orléans, le comte de Paris, le duc de Chartres, la duchesse d'Aumale, le prince et la princsese de Salerne, le jeune prince Philippe de Wurtemberg sont en voiture. Le prince de Joinville et le prince Auguste de Saxe-Cobourg-Gotha suivent à cheval. Le soir, une représentation théâtrale a lieu sous une grande tente que le roi a fait dresser au milieu des îles, dans le parc réservé. Les artistes de l'Opéra-Comique jouent *Richard Cœur-de-Lion* et le *Nouveau Seigneur du Village*.

Eu, 9 septembre.

Le roi et la reine des Français, la reine d'Angleterre et le prince Albert, Mme Adélaïde, le prince de Joinville, le prince Auguste de Saxe-Cobourg-Gotha, la duchesse d'Aumale, le prince et la princesse de Salerne, lord Aberdeen, lord Liverpool, M. Guizot, le comte de Salvandy, etc., font une promenade dans la forêt.

A cinq heures et demie du soir, la reine Victoria et son mari prennent congé de la reine Marie-Amélie, et quittent le château d'Eu. Sa Majesté Britannique et le prince-époux, accompagnés par Louis-Philippe, le prince de Joinville et le prince Auguste de Saxe-Cobourg-Gotha, s'embarquent, au Tréport, sur un canot pour aller rejoindre en mer le yacht *Victoria and Albert*. Le roi Louis-Philippe reste sur ce yacht pendant près de trois quarts d'heure, et retourne au Tréport, après avoir fait à la jeune souveraine des adieux remplis d'effusion.

On lit dans une correspondance adressée d'Eu au *Moniteur*, le 10 septembre : « La reine d'Angleterre a eu une nuit superbe. Elle a dû arriver vers dix heures du matin dans sa jolie résidence de l'île de Wight, où l'attendaient ses enfants. Le roi avait envoyé un présent de trois cents pêches à son bord. Elle sera arrivée avec le beau temps. Mais dans la journée les habitants et les baigneurs du Tréport, passés sur le rivage, remarquaient que la mer était agitée, et devenait orageuse comme elle l'avait été toute la semaine dernière. Le calme, établi dans la journée de samedi, profond dimanche, et surtout lundi et mardi, n'a ainsi duré que le temps des deux traversées de ce gracieux voyage vers notre roi. La même chose s'était exactement passée dans le premier voyage de la reine. Elle a bien mérité par son amabilité et par son affection pour la famille royale de France que les rivages de France lui soient propices. »

La seconde entrevue d'Eu, par son caractère imprévu, étonna les cours de l'Europe et causa à plusieurs d'entre elles un sensible dépit. Le prince de Metternich écrivait, le 26 octobre 1845, au comte Apponyi, ambassadeur d'Autriche à Paris : « Le voyage de la reine d'Angleterre en Allemagne n'a point eu de succès. Des circonstances peu dignes d'égards dans d'autres temps que les nôtres ont contribué à ce fait. Ce qui a fini par effacer les bonnes impressions, — car, parmi de regrettables il y en a eu aussi de bonnes, — c'est la visite à Eu. Cette visite, qui, de tout temps avait été méditée par le roi Louis-Philippe, a été habilement amenée par l'intermédiaire de la reine des Belges, à laquelle le roi son père s'est adressé, vers la fin du séjour de la reine Victoria à Cobourg, dans un style lamentable, et en mettant pour ainsi dire la conservation de la couronne et de sa dynastie au prix de cette visite. Sous l'influence de la famille de Cobourg, les raisons contraires au projet du roi des Français ont été abandonnées. » Le prince de Metternich n'en continuait pas moins à considérer l'entente comme « une fantasmagorie, une mystification. » — « Quelle sera la fin de ce grand leurre, ajoutait-il dans la même lettre ? Je l'ignore, mais ce qui est dans la nature des choses devra arriver tôt ou tard. » Cette prédiction se réalisera l'année suivante ; Louis-Philippe, traité naguère par les journaux anglais comme le plus sage, le plus grand, le plus « merveilleux » des monarques passés et présents, sera couvert d'injures, accablé d'anathèmes par les mêmes journaux, et cela pour une seule raison, parce que la France aura obtenu un vrai succès diplomatique : les mariages espagnols.

XIX

LA DUCHESSE D'ORLÉANS.

Le 28 octobre 1845 fut célébrée une double solennité qui causa une grande émotion à la reine
Marie-Amélie et à la duchesse d'Orléans. Deux
statues du duc d'Orléans furent inaugurées l'une
à Paris, dans la cour du Louvre, l'autre à
Alger, sur la place du Gouvernement. Avant de
raconter cette inauguration, nous dirons quelques mots de la veuve du prince dont la mémoire
recevait un très juste hommage.

Nous avons laissé la duchesse à Dreux, le
13 juillet 1843, pleurant devant le tombeau de
son mari. Depuis ce premier anniversaire d'une
mort si cruelle, la douleur de la malheureuse
princesse n'avait pas diminué. Il y a des blessures si profondes que le temps ne les cicatrise
jamais.

La duchesse d'Orléans écrivait à sa belle-
mère, la duchesse de Mecklembourg-Schwerin, le
2 juillet 1844 : « Je ne vous dis pas, chère mère,

dans quelle disposition je suis depuis que le mois fatal a commencé. Il y a aujourd'hui deux ans que nous partions pour Plombières ; pendant tout le voyage, il me comblait d'attentions et de témoignages de son affection. Chaque heure hélas ! a son doux souvenir, et chaque heure me rapproche du jour terrible où j'ai tant perdu. Que les hommes jugent faux, quand ils pensent que le temps guérit les blessures ! La douleur n'est plus si *farouche*, mais elle n'est pas moins intense ; plus la plaie semble guérie à la surface, plus aussi la souffrance devient profonde. Dieu veuille seulement sanctifier mon affection, et empêcher que mon âme ne s'y consume ! Cette crainte est maintenant si habituelle en moi, et si pénible ! Il est affreux de sentir l'approche de la mort spirituelle. Que Dieu m'en préserve ! » La duchesse en fut préservée. Elle écrivait le 14 juillet, le lendemain du second anniversaire : « Dieu a encore une fois exaucé mes prières, et m'a accordé des heures très bénies, dans lesquelles la certitude d'une réunion me consolait. J'ai passé la terrible journée du 13 juillet à prier, à lire, à m'entretenir affectueusement avec Louise (la reine des Belges), qui me devient toujours plus chère et m'édifie par ses vues religieuses. Nous ne pûmes partir de Dreux qu'à sept heures du soir, et nous arrivâmes à deux heures après minuit. Ce matin, mon cher petit Paris m'est apparu comme un rayon de soleil. Il était si heureux de me revoir, et me le faisait sentir. Il m'avait copié un beau verset, et me l'avait envoyé. »

Quelques jours après, à Eu, un accident faillit coûter la vie à la famille royale. Le roi se promenait en char à bancs, avec la reine, la duchesse d'Orléans, le comte de Paris et le duc de Chartres, le prince et la princesse de Joinville, le duc d'Aumale, le prince et la princesse Auguste de Saxe-Cobourg-Gotha. On mit pied à terre près du Tréport, pour visiter une batterie. Le roi voulut faire tirer un coup de canon au comte de Paris, et le petit prince, alors âgé de six ans, mit bravement le feu à la pièce. On remonta ensuite en char à bancs pour regagner le Tréport, où l'on se proposait de visiter une seconde batterie.

Écoutons le récit de la duchesse d'Orléans : « Pour aller au Tréport, il faut traverser un pont qui passe sur une écluse de chasse ; la reine demande en grâce à descendre, déclarant qu'il y a danger à traverser ce pont dont les gardes-fous sont imperceptibles. J'y avais passé la veille, et mes chevaux s'étaient effrayés ; je le dis au roi, je le suppliai de descendre. — « Ce sont « des enfantillages, s'écria le roi, allons. » — Le canon gronde au même moment, l'écluse s'ouvre, les chevaux se lancent, trois se précipitent dans l'abîme. Le char à bancs eût été entraîné, si le postillon des timoniers n'avait pas maintenu, avec un rare sang-froid, ses chevaux qui étaient sur le point de se précipiter de même. Le train se brise heureusement, et le char à bancs s'arrête. Je ne vous dirai pas ce que j'ai éprouvé en ce moment qui me parut un siècle. Le roi et mes enfants dehors, je ne pensai plus à rien, je serais restée volontiers. Mon cœur était pénétré, en voyant tous ceux que je chéris sauvés. »

Tout en rendant grâces à la Providence, la duchesse ne pouvait s'empêcher de penser à cet autre accident, celui qui avait causé la mort à son époux. « Je remerciai Dieu, ajoute-t-elle ; et cependant il se mêlait un peu d'amertume à cette prière ; elle ne fut pas pure de tout murmure. Pourquoi cette protection qui nous a sauvés s'est-elle démentie alors? Pourquoi échapper aujourd'hui, par miracle, à un danger mille fois plus grand que celui qui fut si cruel par ses résultats? Pas même un cheval n'a été blessé! Cette chute de vingt-cinq pieds de haut dans le gouffre des eaux bouillonnantes n'a pas même amené une égratignure, et alors une chute légère a tout détruit! Plus on pense, plus on creuse, et plus on murmure. Je ne le veux point, cependant, mais mon pauvre cœur y est contraint malgré moi. »

Quoi de plus touchant que la fin de ce récit : « Après l'événement, le roi se rendit à pied, avec nous tous, à la batterie du Tréport. Une foule immense le suivait avec des acclamations de joie, tous avaient l'air heureux; moi seule je pleurais au milieu de ce cortège qui m'en rappelait un autre où le roi, aussi à pied, donnant aussi le bras à la reine, suivait la victime. »

En 1845, nouvelles lettres à la duchesse de Mecklembourg-Schwerin : « C'est aujourd'hui la belle fête de Pâques. Que notre vie serait misérable sans l'espérance, sans la conviction que nous donne la fête de la résurrection, sans le sceau de la grande œuvre de la rédemption ! Que nos larmes seraient amères, en pensant à ceux que nous avons perdus, si nous ne les voyions pas déjà dans tout l'éclat d'une nouvelle vie !

« Vous avez franchi aujourd'hui nos frontières. Que de fois dans le trajet, vous aurez pensé à notre voyage de 1837 ! Que tout était différent, que tout était beau alors ! Toutefois mes espérances n'ont pas été déçues ; elles ont été de beaucoup dépassées par la réalité. Et bien qu'elles soient maintenant enfermées dans une tombe, je n'échangerais pas mon lot contre aucun autre. »

La consolation de la duchesse c'étaient ses deux enfants, le comte de Paris et le duc de Chartres. Elle vivait pour eux et par eux. Le jour de la fête de l'aîné, elle écrivait : « Aujourd'hui j'ai fait venir les enfants pauvres de la ville d'Eu et du Tréport, ce qui a fait grand plaisir au petit. Moi-même, dans ce jour, j'ai cherché à ne pas approfondir mon cœur ; je me suis faite enfant, et j'ai joui comme une enfant de la joie de ceux qui m'entouraient. »

Les extraits suivants de la correspondance de la duchesse nous la montrent comme une mère aussi tendre que dévouée.

25 décembre 1843.

« J'aurai demain un mauvais jour ; c'est l'ouverture des Chambres. J'ai demandé au Roi la permission de conduire Paris dans la tribune de la reine. En le faisant, je savais quelle tâche je prenais sur moi ; mais il est bon, je crois, qu'on voie le petit, sans que sa timidité soit mise en jeu, et sans qu'il se mette en frais, ce qu'on ne peut guère attendre d'un enfant de cinq ans. »

6 mars 1844.

« Robert (le duc de Chartres) m'aime fort, et d'une façon vraiment touchante ; je crois que, malgré son affection pour sa nourrice, il me préfère pourtant à tout le monde ; il veut toujours être à mon côté. »

24 juin 1844.

« Je mesure le temps sur le développement des enfants ; ils grandissent, Paris surtout. C'est vraiment un aimable garçon, grand, rosé, dégagé, et surtout très studieux et brave ; il a un bon cœur, de la franchise, et avant tout un zèle très soutenu. Il a été deux fois avec moi à l'Exposition (au carré Marigny) ; vous pouvez penser quelle résolution pour moi. Je ne l'aurais jamais fait si l'on n'avait pas tant parlé de la *renfermerie* dans laquelle on retient le petit; les gens l'étouffaient presque de joie; et quant à lui, il n'a été ni sot, ni timide, mais naturel, et à son affaire, c'est-à-dire plein d'intérêt pour ses chères machines, qui sont toujours sa passion. Par bonheur, la louange et l'admiration ne le disposent pas du tout à la vanité; il n'y prend pas garde. Le petit Robert, qui examinait les gens plus que les machines, était en revanche, très heureux que les gens le regardassent aussi. Il n'a que saillies, bonne humeur et vivacités. »

2 janvier 1845.

« Que direz-vous, chère mère, en apprenant que j'ai de nouveau assisté à une partie des réceptions d'hier? Le roi souhaitait que Paris fût présent. Le petit a fait bonne contenance; il était tranquille, gentil, naturel, et éveillait la sympathie. En somme il m'a fait grand plaisir ce jour-là; il m'a apporté une lettre qu'il avait composée et écrite tout seul; il était avec cela cordial, heureux, et me prouvait clairement son affection. Ce pauvre enfant a dû écrire beaucoup de lettres pour le jour de l'an; mais la vôtre et la mienne, sans l'aide de qui que ce soit, il les a écrites *en amour*. »

Un jour, la duchesse mena le comte de Paris dans l'atelier du peintre Ary Scheffer : « Son

Saint-Augustin, écrivait-elle, m'a vivement édifiée ; c'est un chef-d'œuvre. Rien de plus sublime que la physionomie de sainte Monique ; on la croit déjà au ciel ; son regard est plein de Dieu ; j'en ai été fort touchée, surtout en sentant la petit main de Paris dans la mienne. »

Enveloppée dans la dignité recueillie de son veuvage comme dans un voile de deuil, la duchesse d'Orléans ne murmurait plus jamais contre les décrets de la Providence. Elle écrivait le 24 novembre 1845 : « La vie parisienne a repris son cours. Les bals, les concerts, les représentations dramatiques se succédent aux Tuileries. Quant à moi, je vis tranquille dans ma cellule, et quand j'entends la musique au-dessus de moi chez Nemours, je sens qu'au milieu de ma douleur et de ma solitude, Dieu m'a donné la bonne part, et que, séparée de celui que je pleure amèrement, je vis plus avec lui dans la communion de la prière et de l'esprit que si nous étions tous deux dans le tourbillon du monde. Ce sont d'heureux moments, dans lesquels j'éprouve la paix du ciel ; mais ils ne durent pas, et l'amertume de la vie vient toujours m'y arracher. »

Une grande consolation pour la duchesse, c'était de voir que son époux n'était oublié ni par la France, ni par l'Algérie. Il les avait considérées comme deux patries qu'il aimait d'un égal amour, et qu'il voulait confondre l'une avec l'autre dans son infatigable dévouement de prince et de général. La France et l'Algérie lui gardaient un souvenir plein de reconnaissance.

Le 28 octobre 1845, jour anniversaire du passage des Portes de Fer, la statue du duc d'Orléans fut inaugurée dans la cour du Louvre. Deux bas-reliefs, représentant, l'un la reddition de la citadelle d'Anvers, l'autre le passage des Portes de Fer en Algérie, étaient fixés sur le piédestal, où l'on avait gravé cette inscription : « L'armée au duc d'Orléans, Prince Royal. 1842 ». Le même jour, le roi, accompagné du comte de Paris, son petit-fils, des princes ses fils, des ministres et de toute sa maison, se rendit dans la salle du trône, où le maréchal Soult, président du conseil des ministres, lui présenta les membres de la commission du monument érigé à la mémoire du duc d'Orléans, et lui offrit le procès-verbal de l'inauguration de la statue. Le roi le remit au comte de Paris. « Mon cher enfant, dit-il, je ne puis mieux faire que de te le donner. Tu garderas précieusement ce témoignage des sentiments de confiance et d'affection que l'armée portait à ton pauvre père. » Puis, se tournant vers la commission et les officiers de tous grades qui remplissaient la salle du trône : « Mon cher maréchal, ajouta-t-il, j'apprécie le zèle que la commission a mis, sous votre direction, à accomplir le vœu de l'armée de terre et de mer. En recevant ce nouvel hommage rendu à la mémoire du fils chéri que la France pleure avec moi, je me sens trop ému pour pouvoir vous exprimer, comme je le voudrais, tout ce que j'éprouve en ce moment. Mais, quelque pénible qu'il me soit aujourd'hui de faire entendre ma voix, je retrouve toutes mes forces quand il s'agit de dire à l'armée, à la garde nationale, à toute la France, combien mon cœur et ceux de tous les miens sont pénétrés d'un tel hommage, et de témoigner à toute la population de Paris, combien nous avons été touchés des éclatantes manifestations dont elle a entouré la statue que vous m'avez offerte au nom de l'armée. » Les couronnes et les fleurs mises au pied de cette statue furent portées au pavillon Marsan, chez la duchesse d'Orléans, qui témoigna le désir de les conserver.

Le même jour, une autre statue du prince si regretté, était inaugurée à Alger sur la place du Gouvernement. La population française et indigène, qui lui conservait un fidèle et respectueux souvenir, accourut en foule pour lui rendre un dernier hommage. Toute la garnison était sous les armes ; ce fut avec émotion qu'elle défila devant la statue, à laquelle les révolutions n'ont point osé toucher et qui, malgré les changements de régime, est restée debout à la même place.

XX

L'ATTENTAT DE LECOMTE.

L'année 1846 avait bien commencé pour la reine Marie-Amélie. On ne signalait aucun point noir à l'horizon. Autant les débuts du règne avaient été orageux, autant la période actuelle était calme. Les prévisions du roi, optimiste par caractère, paraissaient toutes réalisées. Le parti conservateur gouvernait sans difficulté. Jamais ministre n'avajt semblé plus solide que M. Guizot. La politique était démodée ; on s'occupait d'affaires industrielles ; on songeait surtout à s'enrichir ; les intérêts étaient subtitués aux passions. Aucune tentative insurrectionnelle n'avait eu lieu depuis celle du 12 mai 1839. Les société secrètes, désorganisées et découragées, ne comptaient plus qu'un très petit nombre d'adhérents, surveillés par une police active et vigilante. L'épidémie de régicide qui, de 1832 à 1840, avait sévi si cruellement, semblait à tout jamais finie. La famille royale respirait en paix. Depuis l'attentat de Darmès (15 octobre 1840) personne n'avait tiré sur Louis-Philippe.

Le 16 avril 1846, le roi, libre de soucis, se reposait à Fontainebleau, avec la reine et une partie de sa famille, quand un nouvel attentat vint brusquement rappeler les plus tristes souvenirs des commencements du règne et fut comme le signal des catastrophes prochaines.

C'était un jour de chasse dans la forêt. Le roi, la reine, Madame Adélaïde, la duchesse de Nemours, le prince et la princesse de Salerne et le comte de Montalivet étaient dans un char à bancs sans escorte. La chasse s'était terminée à cinq heures. On allait retourner au château. Déjà l'on débouchait du petit parc d'Avon dans la partie du parc réservé appelée la Faisanderie. Quelques officiers du 1er régiment de hussards, revenant de la chasse, galopaient à côté du char à bancs, avec le capitaine Brahault, officier d'ordonnance du roi. Derrière un mur du parc réservé se trouvait un homme en blouse, la tête à demi cachée dans un mouchoir, et tenant en main un fusil. Le fusil, doublement chargé, était braqué à une hauteur calculée sur le chapiteau du mur. Quand le char à bancs passa, l'individu tira sur Louis-Philippe. Le coup partit à douze pas de distance, et la charge, composée de deux balles de calibre, alla se perdre dans les franges du char à bancs, au-dessus de la tête du roi. La bourre de l'arme tomba sur les genoux de la reine, un second coup partit, et n'atteignit personne. Le roi, sans sourciller, dit : « Ce n'est rien, c'est la fin de la chasse : » et, s'adressant aux postillons, il ajouta : « Continuons, nous allons au château. » La voiture se remit en marche.

Au bruit de la détonation, un palefrenier nommé Millet descendit de cheval, enjamba le chapiteau du mur et courut à la poursuite du meurtrier. « Je t'aurai vivant, ou tu me tueras », cria-t-il. L'assassin, qui était d'une force prodigieuse se retourna et essaya de se défendre ; Millet courait un grand danger. Mais plusieurs officiers de hussards, ayant fait à bride abattue le tour du mur, s'empressèrent de lui prêter main-forte. L'assassin, renonçant à la lutte, se rendit et n'exprima d'autre regret que celui de n'avoir point tué le roi. Très habile tireur, il s'en voulait de n'avoir pas mieux réussi. « Je me suis trop pressé, » dit-il. Cet homme se nommait Lecomte. Né à Beaumont (Côte-d'Or), et âgé de quarante-huit ans, après avoir fait la campagne d'Espagne de 1823 comme sous-officier de la garde royale, il avait reçu la croix de la Légion d'honneur. Sorti du service militaire, il était entré, comme garde forestier, dans le domaine privé de la maison d'Orléans. Et après 1830, ayant passé successivement par tous les grades inférieurs, il avait fini par devenir garde général des bois de la couronne à Fontainebleau. C'était un homme violent, irascible, vindicatif, dont ses chefs avaient eu souvent à se plaindre. Environ dix-huit mois auparavant, il avait donné sa démission dans une lettre écrite en termes insolents. On essaya en vain de le ramener à des sentiments raisonnables. On lui offrit une pension de retraite, bien qu'il n'y eût pas droit ; il la refusa, elle fut fixée sans son assentiment. Il eut alors l'étrange idée d'en demander le capital, ce qui lui fut naturellement refusé. Ce refus lui causa une exaspération profonde. Trois fois, il écrivit au roi, et ne reçut pas de réponse. Il était arrivé au paroxysme de la colère. « Le 15 avril, a-t-il dit après le crime, je m'étais arrêté sur la place du Carrousel ; il pleuvait, j'étais sous un auvent ; je regardais machinalement des estampes. On causait dans la boutique à côté — trois hommes et une femme, — j'écoutais, machinalement aussi. J'étais triste. Tout à coup le nom du roi m'a frappé ; on parlait du roi. J'ai regardé ces hommes. Je les ai reconnus pour des domestiques du château. Ils disaient que le roi partirait le lendemain pour Fontainebleau. En ce moment-là mon idée m'est apparue clairement, affreusement. La pluie a cessé. J'ai étendu la main en dehors de l'auvent, j'ai vu qu'il ne pleuvait plus, je m'en suis allé. Je suis rentré chez moi, dans ma chambre, dans ma petite chambre démeublée et misérable. J'y suis resté seul trois heures. J'ai songé, j'ai rêvé. J'étais bien malheureux. Mon projet me revenait toujours. Et puis la pluie a recommencé. Le temps était sombre. Il faisait grand vent, un ciel presque noir. Je me suis senti comme fou. Tout à coup je me suis levé. C'était fini. Je venais de prendre mon parti. Voilà comment la chose m'est venue. »

Quelques jours après le crime, M. Guizot écrivait à M. Rossi. « Rien n'indique aucune ramification ni complot. Ce qui n'empêche que ce ne soit une sottise de dire, comme le font les badauds pour se rassurer qu'il n'y a là rien de politique. Quoi de plus politique que cette contagion, cette mal'aria qui fait que l'humeur d'un garde mécontent de sa pension se tourne en régicide. »

L'émotion fut grande à Fontainebleau et à Paris. A Fontainebleau, quand, après l'attentat, on conduisit Lecomte dans la prison de la ville, il fut difficile et presque périlleux de protéger sa vie contre une foule furieuse qui voulait l'écharper. La joie succéda à l'indignation et pendant la soirée la ville fut illuminée. La reine envoya une estafette aux princesses qui étaient aux Tuileries. Dès que la nouvelle leur parvint, la duchesse d'Orléans, la princesse de Joinville, la duchesse d'Aumale et la princesse Auguste de Saxe-Cobourg-Gotha se mirent en route. Le 17, au matin, elles assistaient au *Te Deum* chanté dans la chapelle du palais de Fontainebleau.

Le lendemain 18, le roi et la famille royale partaient pour Paris et arrivaient aux Tuileries dans la journée. La 2⁰ légion de la garde nationale se trouvait, à ce moment, réunie sur la place Vendôme pour la reconnaissance de ses officiers. Ayant appris que Louis-Philippe venait d'arriver au château, elle témoigna le désir de s'y rendre immédiatement pour manifester au souverain les sentiments dont elle était animée. Le roi ayant accédé à ce vœu, la légion se forma sur deux lignes dans la cour des Tuileries, où le roi descendit, tenant par la main son petit-fils le comte de Paris, et accompagné des princes ses fils. Puis il passa à pied devant le front de la légion qui le saluait de ses acclamations, et il alla se placer devant le pavillon de l'Horloge, où la reine et les princesses se tenaient sur le balcon de la salle des Maréchaux. La légion défila ensuite. Après le défilé, le roi s'avança vers le colonel Ganneron, et le chargea de faire connaître aux gardes nationaux le plaisir qu'il avait eu de se retrouver à pied, au milieu d'eux, comme il s'y était trouvé tant de fois, il y avait déjà quinze ans.

Le même jour, les deux Chambres se rendirent en masse auprès du roi pour manifester leur indignation contre la tentative criminelle qui avait mis ses jours en péril. Jamais les pairs et les députés ne s'étaient présentés en plus grand nombre aux Tuileries. Le roi et la reine, entourés des princes et des princesses de la famille royale, les reçurent dans la salle du trône. Le discours du président de la Chambre des députés M. Sauzet, fut particulièrement enthousiaste. « Sire, dit le président, la Chambre entière vous apporte ses émotions et ses vœux. Toutes les opinions, tous les rangs se pressent à l'envi pour saluer votre miraculeuse conservation, comme ils se serreraient pour vous défendre, pour servir de rempart entre le crime et vous... La France, cette antique terre de loyauté, si hospitalière à toutes les infortunes, si généreuse même envers ses ennemis, se soulève à la pensée de ces lâches attentats dont elle croyait son repos affranchi pour toujours, mais sa confiance ne s'est point découragée ; elle sait qu'un misérable peut souiller son sol, mais non compromettre ses institutions et déshonorer sa renommée. »

M. Sauzet termina ainsi son discours : « Dieu a étendu visiblement sa main sur votre personne, auguste Sire, bénissons la Providence, félicitons le pays, félicitons cette Reine que nous voyons toujours à vos côtés, comme une compagne dévouée qui partage vos périls et comme un ange de vertu qui les écarte (les cris de Vive la Reine retentissent)... ces princes à qui nous remettons avec confiance l'avenir de la patrie et de nos libertés ; félicitons le royal enfant, car la protection étendue sur vous lui promet qu'il vous sera donné d'achever votre tâche, de former sa jeunesse et de préparer l'accomplissement de ses précieuses destinées. »

Le roi répondit : « J'aime à espérer avec vous que la divine Providence continuera à veiller sur nous... La France sait combien je lui suis dévoué ; c'est pour elle que je vis et que je veux vivre ; tous mes jours, tous mes soins, tout mon dévouement et celui des miens sont et seront consacrés à son bonheur, à l'accroissement de sa prospérité et au maintien de toutes ses libertés. »

Le meurtrier fut jugé par la Chambre des pairs, en juin. Victor Hugo, qui fut un de ses juges, nous le représente ainsi : « Pendant une suspension d'audience, j'ai vu Lecomte de près. Il a le visage brûlé d'un chasseur et flétri d'un prisonnier. Quand il parle, quand il s'anime, quand il se lève, son aspect devient étrange. Son sourcil droit se dresse sur l'angle du front et lui donne je ne sais quel air égaré et diabolique... Sur l'observation de M. le Chancelier que le crime était sans motif, il a dit : — Comment ! j'ai écrit au roi. Une fois, deux fois, trois fois. Le roi ne m'a pas répondu. Oh! alors... il n'a pas achevé sa phrase, mais son poing s'est crispé sur la barre. En ce moment il était effrayant. C'est vraiment un homme fauve. »

Le vicomte Hugo, — c'est ainsi que dans les sphères officielles se nommait l'illustre poète, — essaya en vain de faire passer l'accusé pour fou. Il dit : « L'attentat sur le roi, l'attentat sur un père, et à quelle heure ! lorsqu'il est entouré de sa famille ! l'attentat sur un groupe de femmes et d'enfants, la mort jetée au hasard, vingt crimes possibles ajoutés et mêlés à un crime voulu, voilà l'action, elle est monstrueuse. Maintenant examinons le motif. Le voici : une retenue de vingt francs sur une démission acceptée, trois lettres restées sans réponse... En présence de ces deux extrêmes, le crime le plus grand, le motif le plus futile, il est évident pour moi que la raison manque, que ce coupable, cet assassin, cet homme sauvage, ce solitaire, cet être effaré et féroce, est un fou... J'ajoute que la politique est ici d'accord avec la justice, et qu'il est toujours bon de retirer la raison humaine d'un crime qui révolte la nature et qui ébranle la société. » La Chambre des pairs ne se laissa pas convaincre. Il y eut sur deux cent-trente-deux votants cent quatre-vingt-seize pour la peine du parricide, trente-trois pour la peine capitale, trois pour la détention perpétuelle, et Lecomte fut exécuté, à la barrière Saint-Jacques, le 8 juin 1846.

Trois jours après, Victor Hugo dînait chez le duc Decazes. Il était à table entre Alexandre Dumas et M. de Montalivet. Celui-ci, comme nous l'avons dit, se trouvait dans le char à bancs à côté du roi, le jour de l'attentat. Voici comment, dans les *Choses Vues*, Victor Hugo raconte sa conversation avec son voisin de table.

« De quoi causiez-vous avec le roi, au moment de l'explosion ?

« Je ne puis m'en souvenir. Je me suis permis

de questionner le roi à ce sujet. Il ne put également ment se le rappeler. La balle de Lecomte a tué quelque chose dans notre mémoire. Tout ce que je sais, c'est que notre conversation, sans être importante, nous occupait beaucoup. Si elle n'eût pas absorbé notre attention, nous aurions certainement aperçu Lecomte quand il s'est dressé au-dessus de nous pour tirer ; le roi, du moins, car moi je tournais le dos pour parler au roi. Tout ce que je me rappelle, c'est que je gesticulais très fort dans ce moment-là. Quand le premier coup est parti, quelqu'un a crié : — C'est un chasseur qui décharge son fusil. — J'ai dit au roi : Singulier chasseur qui tire le reste de sa poudre sur les rois ! — Comme j'achevais, le second coup a parti. Je me suis écrié : — C'est un assassin ! — Oh ! a dit le roi, pas si vite. Ne jugeons pas comme cela. Attendons, cela va s'expliquer. — Vous reconnaissez bien le roi, n'est-ce pas ? Calme, serein, presque bienveillant, devant l'homme qui vient de tirer sur lui. En ce moment, la reine m'a touché doucement l'épaule, je me suis retourné, elle m'a montré sans rien dire la bourre du fusil qui était tombée sur ses genoux, et qu'elle venait de ramasser. Ce silence avait quelque chose de paisible qui était solennel et touchant. La reine, quand la voiture penche un peu, tremble de verser, elle se signe lorsqu'il tonne, elle a peur d'un feu d'artifice ; elle met pied à terre quand il faut passer un pont. Lors-

qu'on tire sur le roi et qu'elle est là, elle est tranquille. »

La pieuse reine considérait comme un miracle
la présentation des jours de son époux. Comment
Lecomte, qui avait la réputation d'être un des
meilleurs tireurs de Seine-et-Marne et de ne
pas manquer un chevreuil à cent cinquante pas,
avait-il envoyé trois balles à douze pas de distance sans atteindre personne ? Evidemment la
Providence avait veillé sur la famille royale.
Marie-Aurélie remerciait Dieu.

XXI

JOSEPH HENRI.

Les élections générales doivent avoir lieu le
1ᵉʳ septembre 1846. Le 29 juillet, la foule encom-
bre le jardin des Tuileries. C'est la fête par
laquelle on célèbre, tous les ans, l'anniversaire
de la révolution de 1830. Louis-Philippe, ayant
à ses côtés, la Reine, Mᵐᵉ Adélaïde, la duchesse
d'Aumale, M. Delessert, préfet de police, le
comte Duchâtel, ministre de l'intérieur, et le général Jacqueminot, est debout au balcon de la
salle des Maréchaux, en face du jardin. Il est sept
heures et demie du soir. L'orchestre entonne la
Marseillaise, par laquelle débute toujours le concert de la fête de Juillet. Le roi salue la foule ;
elle l'acclame, quand tout à coup une double détonation se fait entendre. La reine se précipite à
l'instant même dans les bras de son mari, comme

pour le couvrir de son égide. Le roi vient de s'écrier : « Ceci est pour moi. » Autour de lui on croit que c'est l'explosion d'une pièce d'artillerie. « Non, dit-il avec un grand calme, ce sont deux coups de pistolet qui sont partis de là », et du doigt il indique la place.

En effet, à une distance de soixante et un mètres, un individu, posté en dehors des jardins réservés, auprès de la statue connue sous le nom de la *Vénus accroupie*, vient de tirer presque simultanément deux coups de pistolet sur Louis-Philippe. Le roi, impassible, montre par ses gestes qu'il n'est pas atteint, et ordonne à l'orchestre de continuer à jouer. En même temps, l'individu qui a tiré est arrêté par le sergent de ville Legros et un tambour-major de la ligne. Il ne fait aucune résistance, et déclare se nommer Joseph Henri, âgé de cinquante et un ans, et fabricant d'objets d'acier poli. On le conduit d'abord au poste, puis dans la galerie de Diane, où il est interrogé par le ministre de l'intérieur et le préfet de police. Instruite de ce qui vient de se passer, la foule fait entendre de nouvelles acclamations qui se prolongent pendant plusieurs minutes.

Citons ici cet autre passage des *Choses Vues*, de Victor Hugo : « Minuit. Suzanne, la femme de chambre, vient de rentrer. Elle est allée à la fête pour voir le feu d'artifice. Elle a dit, en entrant — elle était radieuse : — Ah ! Madame, quel bonheur !

C'est mon cousin qui a arrêté l'homme qui a tiré sur le roi.

« — Comment ! Quoi ! on a tiré sur le roi ?

« — Oui, et mon cousin a arrêté l'homme ! Quel bonheur ! C'est ce soir, tout à l'heure. Le roi était au balcon. L'homme a tiré deux coups de pistolet à la fois et a manqué le roi. Oh ! on a applaudi, applaudi ! Le roi était content. C'est lui qui a désigné d'où est partie la fumée. Mais, mon cousin, qui est sergent de ville en bourgeois, était là tout près de l'homme.

« — Comment s'appelle-t-il ?

« — Joseph Legros.

« — L'assassin ?

« — Non, mon cousin. C'est un grand. L'homme est un petit. Je ne sais pas comment il s'appelle, j'ai oublié. Il avait l'air triste, il faisait semblant de pleurer..... Il va passer une mauvaise nuit tout de même. Mon cousin est bien content, et M. le curé aussi est bien content (C'est un chanoine de Notre-Dame qui loge sur le même carré que le cousin sergent de ville). Quel bonheur ! hein ! Madame, quel bonheur ! »

Le 30 juillet, on lit dans le *Journal des Débats* : Paris, 29 juillet : « Non, le pays ne voudra pas croire que ce forfait ait été possible encore une fois et pourtant telle est la vérité. Ce soir on a tiré sur le roi. La protection visible de la Providence qui défie l'acharnement et la fureur des assassins a, pour la septième fois préservé cette vie si chère et si précieuse à la France. » Et le 31, dans la Chronique de la Quinzaine de la *Revue des Deux-Mondes* : « Comment peindre la tristesse et le dégoût que nous fait éprouver le nouvel attentat contre la personne du roi ? Cette persévérance dans le crime de quelques esprits dépravés et en démence confond la raison et l'humilie profondément. C'est en vain que la civilisation se développe, que l'instruction se répand, que les masses deviennent plus éclairées et plus heureuses ; tous ces progrès, tous ces résultats sont impuissants contre une maladie inexplicable. Jamais ce constraste n'a été plus frappant. Tout le monde était d'accord pour se féliciter de l'amélioration sensible de nos mœurs politiques ; on remarquait dans quel calme profond le pays traverse l'épreuve d'une élection générale et demande au jeu régulier de nos institutions les satisfactions et les réformes qui peuvent être l'objet de ses désirs. C'est au milieu de cette excellente disposition des esprits qu'éclate un nouvel accès d'une déplorable monomanie. »

Cette fois on se trouvait en présence d'un attentat de genre spécial. Peut-être même n'y avait-il eu qu'un simulacre d'attentat, et Joseph Henri n'avait-il pas eu la volonté réelle de tuer le roi. Les pistolets étaient deux petits pistolets de poche, à un seul coup. Joseph Henri prétendait les avoir chargés, non pas avec des balles, mais avec des lingots de fer fabriqués par lui, mais on n'avait retrouvé ni balles, ni lingots. Dans les conditions où ils avaient été tirés, les deux coups étaient à peu près inoffensifs, et l'on pouvait se demander si véritablement il y avait eu tentative de meurtre. Caporal dans la 7e légion de la garde nationale, l'accusé avait été en faction aux Tuileries le 1er juillet. Ce jour-là, il aurait pu tirer sur le roi presque à bout portant. Pourquoi ne l'avait-il pas fait ? Parce que, dit-il dans son interrogatoire, il ne voulait pas déshonorer son uniforme.

Joseph Henri demeurait rue de Limoges, n° 8, au quartier du Temple, et y occupait, dans une fabrique d'objets d'acier poli, une vingtaine d'ouvriers. Mais ses affaires ne prospéraient pas. Il avait, pour un terme assez rapproché, vingt-cinq mille francs d'échéance qu'il était hors d'état de payer. Menacé de faillite, et attristé par une série de chagrins domestiques, il était tombé dans une mélancolie, voisine de la démence. Des pensées incohérentes le poursuivaient comme un cauchemar. Il déclara dans son premier interrogatoire, qu'il n'avait pas d'opinion politique; que, se voyant malheureux, et n'ayant pas le courage de mettre un terme à sa vie, il avait tiré sur le roi, pour en finir avec lui-même. Il dit aussi qu'il avait voulu démontrer l'inutilité de la peine de mort. La loi venait de punir un homme qui avait attenté à la vie du roi (Lecomte); « l'assassin d'hier, ajouta-t-il, a voulu prouver que cet exemple n'avait pas le pouvoir d'arrêter le crime. » Joseph Henri était bien plutôt un désespéré, un naufragé de la vie qu'un révolutionnaire et un régicide. Ses élucubrations trouvées chez lui dénotaient un esprit troublé.

Traduit devant la Chambre des pairs, le 25 août 1846, l'accusé paraissait vouloir être condamné plutôt qu'absous. Pendant le réquisitoire du procureur général, il faisait des signes approbatifs, et, pendant la plaidoirie de son défenseur, M. Baroche, des signes négatifs. En même temps, il protestait de son respect et de son admiration pour le roi. Le Chancelier lui ayant dit : « Vous aviez des pensées sauvages », il répondait : « Je n'avais pas de pensées sauvages, je n'avais que des pensées qui me venaient de Dieu... J'ai des croyances. Ma principale croyance est qu'il y a là-haut des récompenses et des punitions. » Jamais accusé n'avait eu plus étrange attitude. « Je ne crois pas, disait-il, que je sois fou, à moins que je ne le sois de ne pas le croire. » Les pairs se demandaient s'ils avaient affaire à un criminel ou à un halluciné.

L'avocat, M. Baroche, termina ainsi sa défense :

« Vous voyez quelle marche descendante, quelle dégradation successive le régicide aura subie, grâce au ciel. D'abord il s'est produit comme l'instrument des passions politiques, comme l'œuvre d'un fanatisme sauvage, il s'est présenté devant vous, la tête haute, redoutable assurément, parce que de pareils exemples pouvaient être contagieux. Vous avez fait justice. Plus tard, et dans ces derniers temps, il s'est réduit aux mesquines proportions d'une vengeance particulière, et vous avez dû encore faire justice. Et puis enfin il se présente aujourd'hui sous les traits d'un pauvre insensé dont le chagrin a troublé la raison. En vérité, le régicide est tombé bien bas. Eh! bien, abaissez-le plus encore par le dédain, et peut-être que, dans ce siècle d'orgueil et de vanité, le ridicule dont vous le frapperez, le dédain avec lequel vous chasserez cet homme, produira sur ceux qui pourraient être tentés, d'imiter non pas lui, car je crois qu'il n'a rien fait, mais ceux qui l'ont précédé, peut-être ce dédain opérera-t-il ce que la juste sévérité de vos précédents arrêts n'a pu opérer encore. » Ce raisonnement ne persuada pas les pairs. Treize d'entre eux votèrent la détention perpétuelle, quatorze la peine de mort, cent trente-trois les travaux forcés à perpétuité. Quand on lui signifia le jugement, l'accusé parut consterné. « Ce n'est pas là ce que j'attendais, s'écria-t-il, je voulais une condamnation à mort ; j'implorais la mort comme une grâce et comme un bienfait. » Le 10 septembre, il partit pour le bagne de Toulon dans une voiture cellulaire avec huit voleurs. Pendant l'opération du ferrement, il murmurait : « Ah! mon Dieu! si j'avais su! »

En résumé, Joseph-Henri avait été moins redoutable que Lecomte et la famille royale n'avait pas couru, le 29 Juillet, les mêmes dangers que le 16 avril. Mais les deux événements, se suivant de si près, réveillaient les préoccupations, les inquiétudes, les angoisses qui avaient pesé si lourdement sur les premières années du règne. Des tentatives pareilles inspiraient à la reine plus de pitié que de colère. Elle en plaignait les misérables auteurs, et y voyait avec douleur le symptôme d'un trouble profond qui présageait des catastrophes. Mais cette triste impression n'avait pas tardé à s'effacer. La dynastie de Juillet paraissait consolidée au dedans comme au dehors. L'année 1846, qui fut l'apogée du règne, allait se terminer par un événement qui fut une des plus grandes joies et l'on peut dire, un des plus grands triomphes de la reine Marie-Amélie : la célébration des mariages espagnols. Ces deux mariages, qui soulevèrent tant de controverses, tant de récriminations, et rompirent l'entente établie entre la France et l'Angleterre, ont été racontés avec une extrême abondance de détails dans les mémoires de M. Guizot et dans *l'Histoire de la Monarchie de Juillet*, par M. Thureau Dangin, cette œuvre magistrale, si consciencieuse et si complète, qui restera comme l'histoire définitive du règne de Louis-Philippe. Les deux écrivains ont exposé les négociations diplomatiques avec une précision et une sûreté d'informations qui ne laissent rien à désirer, et font connaître, de la manière la plus exacte et la plus authentique, les incidents qui se produisirent à Paris, à Londres et à Madrid. Nous allons essayer, en nous attachant spécialement au côté anecdotique, de glaner quelques épis après cette riche moisson.

XXII

LA REINE ISABELLE.

En 1846, le trône d'Espagne était occupé par une jeune .fille de quinze ans dont la couronne avait été menacée, depuis 1833, par une série de séditions et de guerres civiles sans cesse renaissantes. Agée de trois ans moins deux jours, lorsqu'elle était devenue reine, cette enfant avait été exposée, dès le berceau, à la double fureur de l'absolutisme et de la démagogie. Jamais dans l'histoire de l'Espagne il n'y avait eu de période plus tourmentée et plus violente que sa minorité.

Fille de Ferdinand VII et de sa quatrième femme Marie-Christine, princesse des Deux-Siciles, Isabelle II est née à Madrid le 10 octobre 1830. Avant même de naître, elle fut l'objet de querelles et de compétitions acharnées . Sa mère, au moment où elle la portait dans son sein, obtint de Ferdinand VII un changement de succession. En 1714, Philippe V avait substitué à l'antique loi espagnole, admettant le droit des femmes à la couronne, non pas la loi salique, comme on l'a souvent dit, mais une pragmatique qui restreignait la succession des femmes au cas où il n'y aurait pour le trône aucun héritier mâle soit direct, soit collatéral. D'après la pragmatique de Philippe V, l'héritier de Ferdinand VII, qui n'avait pas de fils, aurait été son frère don Carlos, mais la jeune reine Marie-Christine, qui était pleine de charme, avait pris sur son mari un grand empire, et, pendant sa première grossesse, elle le décida, malgré les résistances de Don Carlos, à révoquer la pragmatique de Philippe V et à rétablir l'ancien droit espagnol. Le 3 avril 1830, le principe de la succession féminine redevenait loi du royaume, et, le 10 octobre suivant, Isabelle, en venant au monde, était reconnue comme héritière du trône. Le 30 janvier 1832, Marie-Christine avait une seconde fille, l'infante Luisa-Fernanda (la future duchesse de Montpensier). Ferdinand VII mourait le 29 septembre 1833, et sa fille aînée était proclamée reine sous le nom d'Isabelle II. Le testament du roi conférait la régence du royaume et la tutelle de la reine à Marie-Christine.

Marie-Christine, née à Naples, le 27 avril 1806, avait pour père le feu roi des Deux-Siciles, François 1ᵉʳ, et pour mère la seconde femme de ce prince, Marie-Isabelle, fille du roi d'Espagne Charles IV. Mariée le 11 décembre 1829 au roi Ferdinand VII, elle avait bien compris le caractère espagnol et s'était tout de suite concilié des sympathies ardentes et des dévouements à toute épreuve. En opposition avec son beau-frère don Carlos qui représentait l'absolutisme, elle s'était attachée aux idées libérales et avait promis de faire de sa fille une souveraine constitutionnelle.

Sa régence fut acceptée à Madrid sans contestation. Mais il n'en fut pas de même dans tout le royaume. Le 7 octobre 1833, don Carlos se faisait proclamer roi, sous le nom de Charles V, à Vittoria, et une guerre civile qui devait être longue et terrible, commençait entre ses partisans, les Carlistes, et ceux de la régente, les Christinos. La Russie, la Prusse et l'Autriche faisaient des vœux pour les premiers, la France et l'Angleterre pour les seconds.

La régente se trouva aux prises avec des difficultés qui paraissaient inextricables; le désordre dans l'armée, dans l'administration, dans les finances, les villes et les provinces en insurrection perpétuelle, d'incessants changements de ministères, des émeutes et des pronunciamentos innombrables. Les partisans de Marie-Christine et de sa fille allaient jusqu'à croire, en 1835 et en 1836, que sans une intervention française la régente ne viendrait jamais à bout des radicaux et des carlistes. Heureusement Louis-Philippe eut la sagesse de repousser les conseils de ceux qui, en Espagne et en France, voulaient lui persuader d'intervenir, sous prétexte que sans cette intervention, la cause de la reine Isabelle et du système constitutionnel serait perdue en Espagne. Le prudent monarque disait avec beaucoup de raison à M. Guizot : « Aidons les Espagnols au dehors, mais n'entrons pas nous-mêmes dans leur barque ; si une fois nous y sommes, il faudra en prendre le gouvernail, et Dieu sait ce qui nous arrivera. Napoléon a échoué à conquérir les Espagnols et Louis XVIII à les retirer de leurs discordes. Je les connais ; ils sont indomptables et ingouvernables pour des étrangers, ils nous appellent aujourd'hui, à peine y serons-nous qu'ils nous détesteront et nous entraveront de tous leurs moyens... Croyez moi, mon cher ministre, n'employons pas notre armée à cette œuvre interminable, n'ouvrons pas ce gouffre à nos finances, ne nous mettons pas ce boulet aux pieds en Europe ; si les Espagnols peuvent être sauvés, il faut qu'ils se sauvent eux-mêmes ; eux seuls le peuvent ; si nous nous chargeons du fardeau, ils nous le mettront tout entier sur les épaules, et puis ils nous rendront impossible de le porter. » En relatant ces paroles du roi, M. Guizot ajoute : « Aucune intervention n'a eu lieu, et l'Espagne n'en a pas eu besoin ; elle s'est sauvée elle-même. Grande sécurité pour son avenir aussi bien que sujet d'un légitime orgueil. Entre les amis de l'Espagne, ceux qui ont le plus espéré d'elle ne sont pas ceux qui l'ont le moins bien connue. »

Louis-Philippe avait d'autant plus de mérite à ne pas se laisser entraîner sur la pente où on voulait le pousser que les tentations d'intervenir se renouvelaient sans cesse. A la fin de 1839, Marie-Christine était venue à bout des Carlistes. Trahi par Maroto, le prétendant avait été obligé de se réfugier en France, où il avait été interné à Bourges. Mais la régente allait elle-même subir un sort semblable à celui de don Carlos. En 1840 elle fut aussi forcée de quitter l'Espagne. Le parti modéré qui la défendait fut vaincu par le parti progressiste que dirigeait le général Espartero. Une révolution éclata à Madrid, Marie-Christine fut obligée d'abdiquer la régence, le 12 octobre, et d'aller chercher un asile en France. Les Cortès nommaient Espartero régent du royaume, et allaient jusqu'à enlever à la reine-mère exilée la tutelle de ses deux filles. Avec Espartero triomphait l'influence anglaise, et les hommes politiques qui avaient en vain préconisé l'intervention de la France reprochèrent à Louis-Philippe d'avoir abandonné sa protégée la reine Marie-Christine.

Pendant près de trois ans l'influence française paraissait perdue en Espagne. Restée à Madrid sans sa mère, que pouvait une enfant de dix ans pour secouer le joug que l'on faisait peser sur elle? Mais, de loin, Marie-Christine préparait sa

revanche. Louis-Philippe lui avait fait à Paris le
meilleur accueil et lui avait offert l'hospitalité au
Palais-Royal. Fille d'un frère de la reine Marie-
Amélie, elle fut reçue par sa tante avec une véritable tendresse. En 1842, elle loua dans les environs de Paris, l'ancien château de l'Impératrice
Joséphine, la Malmaison dont elle devint plus
tard propriétaire, et y travailla de la manière la
plus active à la chute d'Espartero. Le chef militaire des Christinos, l'ennemi le plus implacable
du régent, le général Narvaez, était comme elle
exilé en France et attendait impatiemment l'occasion de rentrer en Espagne et de vaincre son
rival. Cette occasion ne tarda pas à se présenter.
Le gouvernement vexatoire d'Espartero touchait
à son déclin. Obligé de lutter à la fois contre
les Christinos et une partie des radicaux, il irri-
tait le sentiment national en s'inféodant à l'Angleterre. Le bombardement des villes révoltées,
la dissolution des Cortès ne sauvèrent pas son autorité. Narvaez comprit que le moment d'agir
était venu. Il quitta Paris en toute hâte, débarqua à Valence le 27 juin 1843, se mit à la tête
des Christinos, et marcha sur Madrid, où il entra
vainqueur le 24 juillet. Cinq jours après, Espartero, honni et pourchassé, était forcé de se réfugier à Cadix sur un navire anglais et de quitter
l'Espagne.

L'heure de la revanche pour l'influence française devait bientôt sonner à Madrid. Toutefois,

Narvaez, malgré sa victoire, ne prit pas tout de suite la direction des affaires, et Marie-Christine prolongea quelque temps encore son séjour en France. Plusieurs ministères radicaux, tous éphémères et impuissants, se succédèrent à Madrid jusqu'à sa rentrée en Espagne. La reine Isabelle, qui aimait tendrement sa mère, désirait ardemment son retour. Mais les ennemis de cette princesse s'y opposaient encore, et pour l'empêcher de pouvoir redevenir régente, on résolut d'avancer la majorité de la reine Isabelle et de la déclarer reine régnante à l'âge de treize ans.

Le 6 novembre 1843, un attentat eut lieu dans la Calle de Luna contre le général Narvaez. Les assassins qui s'étaient échelonnés sur son passage s'y reprirent à trois fois. La voiture où se trouvait le général fut percée de dix-huit balles, mais lui-même ne fut pas atteint. Deux jours après, les deux Corps législatifs réunis dans la salle du Congrès déclaraient la majorité anticipée de la reine, par cent quatre-vingt-treize voix sur deux cent neuf votants.

Aussitôt que le résultat de l'appel nominal est connu, les sénateurs, les députés, le public des tribunes font retentir la salle des cris de : « Vive la reine ! » L'enthousiasme est indescriptible. Les cloches des églises sonnent à toute volée. Le général Narvaez est acclamé à sa sortie. Le peuple entoure sa voiture, en criant : « Vive la reine ! Vive Narvaez ! Meurent les assassins ! » Le canon tonne pour annoncer la bonne nouvelle à la population de Madrid. Pendant ce temps la jeune souveraine est, ainsi que sa sœur, au Retiro, où toutes deux jouent avec des moutons qu'elles élèvent dans ce jardin réservé. La reine demande pourquoi on tire le canon et pourquoi les cloches sonnent. On le lui dit. Alors elle se recueille pendant quelques instants, puis, sans chercher à dissimuler sa joie, elle admet les personnes de sa suite à l'honneur de lui baiser la main. Le régiment caserné en face du Retiro l'accompagne jusqu'à sa rentrée au Palais-Royal. Le soir une foule immense se réunit sous les balcons de ce palais, et aux cris enthousiastes de : « Vive la reine ! » se joignent ceux de : « Vive la reine-mère.

Le chargé d'affaires de France à Madrid était alors un homme habile et très distingué, le duc de Glucksberg (celui qui à la mort de son père prit le titre de duc Decazes et fut ministre des affaires étrangères du maréchal de Mac-Mahon). Il écrivait à M. Guizot, le 10 novembre 1843 : « Hier, les deux Corps législatifs, précédés de leurs massiers et conduits par leurs présidents, se sont rendus à pied de la salle de leurs séances au palais de Sa Majesté. La reine les a reçus, dans la grande salle dite des ambassadeurs, assise sur son trône, ayant sa sœur, l'infante Dona Luisa, à son côté et entourée de sa maison. Les deux présidents lui adressèrent chacun un discours et Sa Majesté lut avec émotion, mais dignité, et sans se troubler un instant, la réponse qui lui avait été préparée. Elle descendit ensuite de son trône, et traversa à plusieurs reprises les rangs des députés et des sénateurs parlant à chacun et les laissant tous émerveillés de tant de dignité et de tant de grâce... Pendant tout le temps que Sa Majesté resta dans la salle on eût peine à imposer silence à l'enthousiasme de tous les assistants. Il éclata lorsqu'elle se fut retirée, et rien ne peut se comparer à la joie et à la satisfaction que laissaient percer les députés même de l'opposition, et qu'ils manifestaient par leurs cris et leurs vivats. La population de Madrid, ou du moins la partie honorable et respectable de cette population avait déjà eu occasion de témoigner son enthousiasme. »

Le 10 novembre, à deux heures, la jeune reine sortit de son palais pour se rendre au Sénat où les deux Corps législatifs (le Sénat et la Chambre des députés ou Congrès dont l'ensemble forme les Cortès) s'étaient réunis pour recevoir son serment. Le cortège royal se composait de plusieurs voitures de grand gala. L'infante sœur de la reine précédait Sa Majesté qui était seule avec sa camarera mayor dans le carrosse royal surmonté des armes et de la couronne de Castille. La reine vint s'asseoir sur son trône. A sa gauche était l'infante sa sœur, à sa droite la couronne de Saint-Ferdinand. Le président du Sénat lui apporta sur un coussin de velours le livre de la constitution. Elle

lut la formule d'une voix ferme et calme et jura.
Le président donna alors le signal des acclamations, et les cris de : « Vive la reine! Vive la reine
constitutionnelle! Vive la constitution! » éclatèrent
de toutes parts. Sa Majesté voulut bien accepter un
déjeuner qui lui était offert par le Sénat. Ensuite
elle se rendit, suivie de tout son cortège au Prado,
passa en revue les troupes de la garnison, s'arrêta
quelques instants dans l'église d'Atocha, qui est
l'objet d'une dévotion particulière pour les princes
de la famille de Bourbon, et rentra au palais.
Un dîner fut offert en son nom dans les hôtels à
tous les officiers de la garnison, et il y eut de
grandes distributions d'aumônes.

Après avoir relaté ces détails dans une dépêche
adressée à M. Guizot, le duc de Glucksberg ajoutait : « Ainsi s'est terminée cette journée qui commence le règne d'Isabelle II. Si pour quelques-
uns elle a été un jour de tristes présages, si
quelques-uns n'ont pu dissimuler les regrets que
devait leur causer l'anéantissement de coupables
espérances, si ces sentiments enfin ont pu s'imposer et se produire de telle sorte que la population des faubourgs, cette même populace si
royaliste autrefois, n'ait pas pris sa part de l'allégresse, il n'en est pas moins vrai que celle-ci était
générale parmi tous les hommes honorables et
distingués. Ces sentiments monarchiques qui
depuis trop longtemps étaient restés muets et
silencieux, parce qu'ils ne voyaient dans le pré-

sent ni durée, ni sécurité pendant cette époque de transition où le pouvoir n'était pas encore la monarchie, ont trouvé leur drapeau aujourd'hui; c'est autour de la reine qu'ils vont se grouper et si l'œuvre de la consolidation de la monarchie constitutionnelle en Espagne est difficile et périlleuse encore, on peut dire que c'est d'aujourd'hui seulement qu'elle est devenue véritablement possible. »

La situation n'en demeurait pas moins profondément troublée. Les intrigues de cour continuaient à se mêler à celles du parlement, et les procédés de la révolution à ceux de l'ancien régime. Une reine qui avait treize ans à peine pouvait-elle réellement gouverner, et ne serait-elle pas le jouet de ses ministres? Dix jours après cette déclaration de majorité anticipée qui avait excité un si vif enthousiasme, elle se plaignit que l'un d'eux, M. Olozaga, lui eût imposé la dissolution des Cortès. Sur la plainte de la reine, cette mesure fut révoquée, et M. Olozaga dut quitter le ministère. Ému par les dangers qui menaçaient le trône d'Espagne, Louis-Philippe pensa que le moment était venu pour lui d'envoyer à Madrid un ambassadeur qui, par son tact, son expérience, son énergie, pourrait être pour la jeune souveraine un véritable défenseur.

XXIII

LE COMTE DE BRESSON

Le nouvel ambassadeur de France arriva à
Madrid le 8 décembre 1843. Reprenant la parti-
cule que ses ancêtres, qui appartenaient à une
vieille famille de Lorraine, avaient quittée au
moment de la Révolution, il s'appela désormais
le comte de Bresson. C'était un diplomate de
carrière qui avait conquis tous ses grades par
son zèle et par son mérite. Né à Épinal le
27 mars 1798, il était entré au ministère des
affaires étrangères, en 1817, sous les auspices de
son parent, M. Bresson, directeur de la compta-
bilité, celui qui, en 1815, avait si généreusement
sauvé les jours du comte de Lavalette, condamné
à mort, en lui donnant un asile dans l'hôtel
même des Affaires Étrangères où personne n'aurait eu l'idée de le chercher. Depuis 1820 jusqu'en 1830, le futur ambassadeur de Louis-Phi-

lippe servit la France en Amérique. Après la révolution de Juillet, il échangea le poste de premier secrétaire à Washington contre celui de premier secrétaire à Londres, où il fut le collaborateur actif du prince de Talleyrand. A Bruxelles, en 1831, c'est lui qui fit élire le duc de Nemours comme roi des Belges. Il fut ensuite ministre de France en Hanovre, puis en Bavière, puis en Prusse, où il resta dix ans, depuis 1833 jusqu'en 1843. Louis-Philippe, Marie-Amélie et toute la famille royale le considéraient comme un véritable ami. Il avait connu les princes tout enfants, et dans l'affection qu'il leur portait, il y avait quelque chose de paternel. C'est lui qui, avec l'appui du roi de Prusse Frédéric-Guillaume III, avait marié le duc d'Orléans. Ardent orléaniste, il témoignait à la dynastie un dévouement à toute épreuve. Il venait de combattre, à Berlin, les menées légitimistes avec une grande vigueur et personne n'était plus que lui en mesure de faire reprendre à la France en Espagne sa place et son rôle traditionnels. Nature portée à la mélancolie, il trouvait dans l'action un dérivatif à sa tristesse. La lutte l'arrachait à lui-même. Il y mettait une ténacité, une énergie extraordinaires. M. Guizot lui écrivait un jour : « Vous êtes aussi prudent que résolu, et aussi résolu que prudent. Vous auriez été dans la plus haute estime de Pascal qui dit quelque part : — Je n'estime point un homme qui possède une grande qualité s'il ne possède en même temps et au même degré la qualité contraire. »

Le nouvel ambassadeur présenta ses lettres de créance le 11 décembre 1843. Il écrivait, le même jour à M. Guizot : « Sa Majesté m'a demandé si le roi son oncle, si la reine sa tante et la famille royale se portaient bien. Elle m'a fait ensuite quelques questions sur mon voyage, et, à un signal donné avec grâce, je me suis retiré. La reine est très développée pour son âge. Elle est de taille moyenne. Sa physionomie est expressive. M. de Glucksberg a fait la remarque qu'en cette occasion elle avait voulu être très aimable. »

Dans les instructions données à l'ambassadeur se trouvait le passage suivant : « Un grand devoir vous est imposé au début de votre mission : vous avez à protéger, et de toute l'influence qui s'attache au nom du roi et de la France, la cause de la monarchie et de l'ordre déplorablement compromise ; vous avez surtout à veiller à la sûreté et à la dignité de la personne et de la couronne de la reine Isabelle... Sans doute, depuis que la reine a été déclarée majeure, il faut qu'elle puisse communiquer directement avec les dépositaires officiels de son autorité, et personne ne doit s'interposer entre eux dans le règlement des affaires de l'État ; c'est là une nécessité constitutionnelle. Mais une autre nécessité non moins absolue, c'est que cette jeune princesse ne se trouve, à aucun moment, éloignée

des personnes dont la surveillance est impérieu-
sement réclamée par son âge et par son sexe ;
l'honneur du trône, les intérêts les plus essen-
tiels de l'Espagne, toutes les convenances politiques et morales se réunissent pour l'exiger...
Le sentiment paternel qui porte aujourd'hui le
roi des Français, l'oncle de Sa Majesté Catholique, à faire entendre sa voix au gouvernement
espagnol, s'explique trop naturellement pour que
les plus extrêmes susceptibilités d'indépendance
nationale puissent s'en effaroucher à Madrid. »
Il fut tenu compte de ces observations, et l'ambassadeur put écrire à M. Guizot, le 21 décembre. « Des précautions additionnelles ont
été prises pour le travail des ministres avec la
reine. On a placé une sonnette près de sa table ;
elle répond à l'appartement des dames de service. Deux ministres sont toujours présents.
Celui avec lequel elle ne travaille pas se tient à
distance près de la cheminée, où l'autre le rem
place quand vient son tour. »

Comme tous les vrais amis de la jeune souveraine, le comte de Bresson désirait beaucoup le
retour de la reine mère Marie-Christine. Ce retour eut lieu au commencement de 1844. Le
22 mars, à Aranjuez, la mère et la fille, qui ne
s'étaient pas vues depuis plus de trois ans, se
jetèrent dans les bras l'une de l'autre. On lit dans
la dépêche où sont relatés les détails de cette
réunion : « Toute l'assistance était émue. Il y

avait des larmes dans tous les yeux. Plusieurs
des dames de la cour baisaient les mains, le châle,
la robe de la reine-mère, d'autres, se détachant
des groupes du peuple, se précipitaient à ses genoux et les embrassaient. Les cris de joie, les
acclamations de la troupe et de la foule retentissaient de toutes parts : Vive l'ange tutélaire de
l'Espagne! Vive la reine des cieux, et vive celle
de la terre! Il était impossible de ne pas céder à
l'entraînement de cette scène. La mère et ses
deux filles gagnèrent lentement la tente qui leur
avait été préparée. Elles se retirèrent dans un
compartiment séparé; elles y restèrent seules à
peu près un quart d'heure, et lorsque le rideau
s'ouvrit, ma femme fut introduite par Mme la
marquise de Santa-Cruz. La reine Christine lui
fit l'accueil le plus bienveillant, lui demanda si
j'étais là aussi, et, sur sa réponse affirmative,
l'envoya m'appeler. — Voilà, me dit-elle, un jour
que vous avez bien désiré, et que vous avez
bien contribué à amener. — Je lui répondis que
si, comme Sa Majesté daignait le dire, j'avais
contribué à l'amener, je m'estimais bien heureux
à l'aspect du bonheur qu'il apportait à Leurs
Majestés et à toute l'Espagne. Je remis à la reine
Christine deux lettres de Sa Majesté la reine
Marie-Amélie et une de Madame Adélaïde. Il
n'est sorte d'expressions de tendresse, de respect
et de reconnaissance dont elle ne se servit en parlant de notre famille royale. » Les deux reines

firent une entrée solennelle à Madrid, le 23 mars. Des femmes habillées en nymphes, et montées sur des chars dorés, précédaient la voiture royale en semant des fleurs. Des paysans et des paysannes, vêtus de costumes variés, portaient des palmes et des rameaux. Les édifices et les maisons étaient ornés de tentures. Il y eut un baisemain en l'honneur de la reine-mère. Elle fut on ne peut plus gracieuse pour l'ambassadeur de France. Elle lui parla de Louis-Philippe et de Marie-Amélie, les yeux mouillés de larmes. « Mettez-moi à leurs pieds, lui dit-elle. Ils ont été si bons pour moi ! » Elle lui montra qu'elle portait aux deux bras les bracelets aux portraits du roi et de la reine, dont Leurs Majestés lui avaient fait présent, la veille du jour où elle avait quitté Paris.

La situation du comte de Bresson à Madrid devenait de plus en plus importante. C'était un de ces diplomates consommés qui poursuivent leur but avec un parfait esprit de suite, en ne négligeant aucune occasion de faire servir les grandes et les petites choses à leurs succès. En avril 1844, lors des solennités de la semaine sainte, l'ancien cérémonial de la cour d'Espagne, négligé depuis la mort du roi Ferdinand VII, fut remis en usage. Le comte de Bresson eut bien soin de revendiquer et d'exercer les privilèges d'étiquette qui appartenaient dans ces solennités, aux ambassadeurs de France à Madrid. On lit

dans une de ses dépêches en date du 6 avril 1844.
« Seul de tous les membres du corps diplomatique, j'ai été, avant hier, invité à assister avec Sa
Majesté à la messe du jeudi saint dans la chapelle du palais. Après être allé la chercher jusqu'aux portes de sa chambre, je l'ai accompagnée
jusqu'à la chapelle ; le Patriarche des Indes marchait à sa droite et moi à sa gauche. Dans la
chapelle on m'a indiqué un banc spécial placé
hors de ligne et vis-à-vis du trône. Je l'occupe
seul pendant tout l'office. Nous avons repris ensuite dans le même ordre le chemin de la salle
où devait se passer la cérémonie du lavement
des pieds dont, la tradition est ici conservée.
Après le repas qui, d'après une ancienne coutume
a été servi à un certain nombre de pauvres de la
ville par les Reines, l'Infante et les Grands d'Espagne, en mémoire de la cène, la reine et la
cour se sont rendues à pied en procession, dans
le même ordre que le matin, et où j'occupais la
même place, aux sept églises voisines qui figurent les sept stations de la croix. » L'ambassadeur ajoutait dans la même dépêche : « Constamment placé à côté de la jeune reine pendant
qu'elle traversait les rangs du peuple, j'ai pu être
témoin de l'intérêt qu'inspire partout cette princesse qui, dans un si jeune âge, a déjà passé par
tant d'épreuves, et qui dans ces occasions solen-
nelles se présente à ses sujets avec une dignité er
une bonne grâce précoces. » A ces cérémonies,

l'ambassadeur portait le grand cordon de la Légion d'honneur que Louis-Philippe venait de lui envoyer.

Le comte de Bresson était très bien secondé dans l'accomplissement de sa tâche par sa femme, une ambassadrice accomplie. Il l'avait épousée en 1841, la préférant à d'autres beaucoup plus riches, mais moins intelligentes et moins bien nées. Tous deux avaient à Madrid un train de maison qui leur coûtait très cher, mais qui était nécessaire au prestige de leur ambassade. L'ambassadeur écrivait à son père, conseiller à la Cour de cassation, le 5 janvier 1845 : « N'as-tu pas plus de plaisir à entendre le roi et le ministre s'exprimer sur moi comme ils ont bien voulu le faire que tu n'en aurais à apprendre que j'avais mis de côté trente billets de mille francs ? N'aimes-tu pas mieux qu'on te dise que ta belle-fille plaît par ses manières et ses bonnes grâces, que sa naissance la place de pair avec les personnages les plus élevés des cours où l'on m'envoie (les Comminges ont trois alliances par le mariage avec la maison royale d'Aragon) que de m'entendre prier le père X... de faire pour mon compte un report à la Bourse ? Certainement si, et tu vois bien que j'ai eu raison de dépenser mon argent et de ne pas me marier en finances, car ton contentement paternel est le premier de mes intérêts, la première de mes jouissances, et tes conversations avec M. Guizot, et les succès de Paul (avocat général à la Cour d'appel de Paris, frère de l'ambassadeur) t'ont mis, ainsi que ma mère, en fonds de joie et de santé pour de longs jours. »

En 1845, la comtesse de Bresson, mit au monde, à Madrid, un fils, auquel on donna le nom de Ferdinand, en souvenir du duc d'Orléans, et qui fut le filleul de la reine Isabelle. L'ambassadeur écrivait à ses parents, le 22 septembre : « Hier a eu lieu au palais, avec la plus grande solennité, le baptême de Ferdinand. La reine, qui lui servait à la fois de parrain et de marraine, l'a porté dans ses bras pendant plus d'un quart d'heure ; elle l'a embrassé plusieurs fois ; la reine-mère et l'infante en ont fait autant. Vous voyez qu'il commence bien la vie. Il s'est du reste fort bien comporté ; il a dormi pendant toute la cérémonie, et n'a pas poussé un cri. C'est le patriarche des Indes qui officiait. La reine était servie par le majordome mayor, le grand chambellan et les six plus anciens grands d'Espagne. La camarera mayor, marquise de Santa-Cruz, lui a remis et repris l'enfant. Les fonts de baptême, les vases, les burettes et plateaux sont en or massif très ciselé, et quand on n'a pas vu le palais de Madrid, les ornements d'église, et les vêtements des évêques de la chapelle royale, on ne peut se faire une idée de leur magnificence. »

L'influence de l'ambassadeur allait chaque

jour en grandissant. Il avait négocié une entrevue qui eut lieu quelques jours avant le baptême de son fils entre la reine Isabelle, la reine Marie-Christine, l'infante Luisa d'une part, le duc et la duchesse de Nemours et le duc d'Aumale, de l'autre. Ce fut à Pampelune que Leurs Majestés et Leurs Altesses Royales se rencontrèrent le 4 septembre 1845. Le canon de la citadelle et le carillon des diverses églises annonça l'approche des princes français. Deux voitures attelées chacune de six chevaux allèrent les chercher à quelques kilomètres de la ville. La musique de plusieurs régiments, réunis sur la place, exécuta l'air de : Vive Henri IV! au moment où ils descendirent de voiture. La reine Isabelle, la reine-mère et l'infante les embrassèrent. Le soir la ville entière était illuminée. Le fifre et la flûte des montagnards retentissaient dans toutes les rues avec le tambourin. Le 6 septembre, il y eut une revue sur les glacis extérieurs de la ville. Le duc de Nemours et le duc d'Aumale montèrent en cavaliers accomplis les deux plus beaux chevaux des écuries de la reine. Dîners de gala, bal, courses de taureaux, se succédaient sans interruption. Les princes français étaient l'objet d'attentions toutes spéciales. Les postes de garde leur rendaient les honneurs militaires, bien que de tout temps on ne les rende qu'à la reine dans les endroits où elle se trouve. La jeune souveraine leur fit présent de quatre superbes chevaux andalous. Elle donna au duc d'Aumale la Toison d'or et à la duchesse de Nemours l'écharpe de l'ordre des dames de Marie-Louise. Le général Narvaez, alors premier ministre, offrit aux princes deux magnifiques lames de Tolède. Ils partirent de Pampelune, le 8 septembre, ayant produit un excellent effet, et enchantés de l'accueil qu'ils avaient reçu. Partout sur leur route on criait : Vivent les princes français! Vive le roi Louis-Philippe! C'était le cas de répéter : Il n'y a plus de Pyrénées. Le comte de Bresson avait assisté à l'entrevue de Pampelune. Il se préparait, avec une extrême habileté, à la grande lutte diplomatique qu'il allait soutenir à Madrid contre le représentant de l'Angleterre, au sujet d'une question qui passionnait tous les esprits : les mariages espagnols, c'est-à-dire le mariage de la reine Isabelle et celui de l'infante sa sœur.

XXIV.

LES PRÉTENDANTS A LA MAIN DE LA REINE

La reine Isabelle n'avait pas encore onze ans, que la question de savoir à qui on la marierait soulevait déjà des controverses et des compétitions ardentes. Dès 1841, les intrigues se nouaient, et les chancelleries se préoccupaient d'une éventualité qui, au point de vue diplomatique, avait une très grande importance. Depuis Louis XIV, les souverains français se sont mêlés des affaires espagnoles presque autant que de leurs propres affaires. Une tradition politique faisait de l'Espagne le terrain d'une lutte incessante entre la France et l'Angleterre. Les deux puissances allaient y trouver l'occasion d'une nouvelle rivalité, presque aussi caractérisée que celle des champs de bataille.

Le candidat de l'Angleterre était, dès 1841, un prince appartenant à cette famille de Cobourg que M. Guizot appelait une famille ascendante. C'était le prince Léopold de Saxe-Cobourg-Gotha, né le 31 janvier 1824, neveu du duc régnant Ernest Ier et du roi des Belges Léopold, frère du roi Ferdinand de Portugal et de la duchesse de Nemours, cousin de la reine Victoria et du prince Albert. Le régent Espartero se montrait favorable à cette candidature, et il l'aurait sans doute imposée, s'il n'avait pas quitté le pouvoir au moment où la reine était encore trop jeune pour se marier.

Après la chute d'Espartero, en 1843, alors que l'influence française se relevait en Espagne, la candidature d'un fils de Louis-Philippe, le duc d'Aumale ou le duc de Montpensier, aurait été accueillie avec enthousiasme par la cour de Madrid et par la nation espagnole. Mais les mêmes raisons qui, en 1831, avaient décidé le roi à refuser la couronne offerte par la Belgique au duc de Nemours, l'empêchèrent de poursuivre une combinaison qui aurait excité au plus haut degré la jalousie de l'Angleterre. Il déclara donc que la reine Isabelle n'épouserait pas un prince français. Mais, d'autre part, il posa en principe que la reine ne pourrait épouser qu'un Bourbon, espagnol, lucquois ou napolitain. A son avis, c'était là le seul moyen de sauver l'œuvre de Louis XIV. Dans ce sens étaient conçues les instructions données au comte de Bresson, le 30 novembre 1843. Il y était dit : « Le gouvernement du roi n'a jamais pensé à dicter à l'Espagne le choix du prince qui doit perpétuer la lignée de ses souverains; il a cru seulement qu'après tout ce que nous avions fait pour aider nos voisins à soutenir le gouvernement qu'ils s'étaient donné, nous étions en droit d'espérer que ce choix ne porterait pas, contrairement à l'intérêt bien entendu des deux pays, une atteinte grave aux rapports qui les unissent, en appelant au trône des Espagnes une famille étrangère à celle qui depuis un siècle et demi règne à la fois à Madrid et à Paris. Nous avons pensé qu'il convenait que ce choix ne s'étendit pas hors des branches qui composent la postérité de Philippe V. »

Le candidat de l'Autriche était un Bourbon, mais un Bourbon qui, en raison de ses idées absolutistes et de ses relations avec les légitimistes français, ne pouvait être accepté ni par l'Espagne constitutionnelle, ni par la France orléaniste. C'était l'infant Charles-Louis, comte de Montémolin, né en 1818, le neveu du roi Ferdinand VII, le fils du prétendant au trône d'Espagne don Carlos. Le prince de Metternich tenait beaucoup à cette combinaison, il l'appelait « mon idée », il la considérait comme « la fusion des droits ». Mais, séduisante en théorie, elle n'avait en pratique aucune chance de succès. La guerre civile avait été trop passionnée entre les Carlistes et les Christinos, les principes des deux partis rivaux étaient trop contradictoires, pour qu'un mariage pût amener une réconciliation. La reine Christine disait, en avril 1844. « Je ne crois pas mon beau-frère (don Carlos), ni mon neveu (le comte de Montémolin) capables d'un crime, mais je crois leur parti capable de tout. Mon cœur de mère m'avertit que, dans une telle union, il y aurait pour ma fille un danger de tous les instants ; elle serait un obstacle qu'on ferait tôt ou tard disparaître. Je serais tourmentée des plus affreux pressentiments ; je n'aurais plus un moment de tranquillité. »

A la fin de 1843, le candidat de la France était le plus jeune frère du roi de Naples Ferdinand II et de la reine Christine, le comte de Trapani, né le 13 août 1827. Sa tante, la reine Marie-Amélie, princesse Napolitaine très attachée aux Bourbons de Naples, désirait ardemment le succès de cette candidature. Le comte de Bresson fut chargé de la soutenir énergiquement. Mais elle était impopulaire en Espagne. On trouvait le comte de Trapani trop jeune (il n'avait alors que seize ans) ; les libéraux lui reprochaient d'être élevé à Rome, dans un couvent de Jésuites, où il portait la soutane. Les Espagnols avaient gardé du temps où ils dominaient l'Italie méridionale l'habitude de traiter les Napolitains légèrement, et ils disaient qu'un frère du roi de Naples ne pouvait apporter à l'Espagne ni force morale ni force matérielle. La reine Christine, par déférence pour Louis-Philippe et Marie-Amélie, feignait d'être favorable à la candidature napolitaine, mais au fond, elle était résolue à la faire échouer.

Il y avait dans la famille des Bourbons d'Espagne deux autres candidatures acceptables pour le gouvernement français : c'étaient celles de l'un ou l'autre des deux fils de l'infant François de Paule.

Né en 1794, l'infant François de Paule, frère du roi Ferdinand VII, et oncle de la reine Isabelle, avait épousé, en 1819, Luisa-Carlotta, princesse des Deux-Siciles, sœur de la reine Christine.

De ce mariage étaient nés en 1822 don François d'Assise, duc de Cadix, et en 1823 don Enrique, duc de Séville.

Un grand obstacle s'opposait au mariage d'un de ces deux princes avec leur cousine germaine la reine Isabelle, c'était l'inimitié qui existait entre leur mère, l'infante doña Luisa-Carlotta, et sa sœur la reine Christine. L'infante Luisa-Carlotta avait un caractère difficile : « J'enrage partout, disait-elle, chez moi, à la promenade, partout et toujours. » Elle mourut subitement le 29 janvier 1844, et dès lors ses deux fils purent être des prétendants sérieux à la main de la jeune reine. Mais l'un d'eux, le duc de Séville ne tarda pas à se rendre impossible. Par suite de ses intrigues avec les radicaux et de la protestation violente qu'il adressa à la reine contre la candidature du comte de Trapani, il se fit exiler d'Espagne.

Cependant le gouvernement du roi Louis-Philippe continuait à affirmer énergiquement le double principe qu'il avait posé dès le début : la reine d'Espagne n'épouserait ni un candidat de l'Angleterre ni un prince français, mais elle épouserait un Bourbon. La chose devenait d'autant plus difficile que dans la postérité de Philippe V, le cercle allait toujours se rétrécissant. L'abdication qu'au mois de mai 1845 don Carlos avait faite de ce qu'il appelait ses droits au trône d'Espagne en faveur de son fils le comte de Montémolin avait rendu la candidature de ce prince plus impraticable que jamais. Le comte de Trapani n'avait plus aucune chance. Ferdinand, fils du duc de Lucques, était un descendant de Philippe V, mais il avait épousé en 1845 la fille du duc et de la duchesse de Berry. Le duc de Séville s'était rendu impossible, comme nous venons de le dire. Il ne restait donc plus, d'après les idées de la France, qu'une seule candidature admissible : celle de l'infant François d'Assise. Mais cette candidature soulevait de grandes difficultés. Elle n'était sympathique ni à la reine Christine, qui se rappelait l'inimitié de la mère du prince, ni à la reine Isabelle qui, à défaut du duc d'Aumale, marié en 1844, aurait, disait-on, désiré pour époux le duc de Montpensier. Tel était également le vœu de la reine Christine. Du moment où elle ne pouvait marier sa fille à un prince français, elle préférait le prince Léopold de Cobourg à don François d'Assise, et se trouvait ainsi favoriser les desseins de l'Angleterre. La reine Victoria, le prince Albert, le roi des Belges espéraient toujours que la candidature du prince, leur parent, finirait par réussir. Le comte de Bresson écrivait à M. Guizot : « Pesez toutes les difficultés, et demandez-vous si aucune habileté humaine peut en triompher. A Dieu, à la Vierge, au hasard, faites honneur des succès à qui vous voudrez, si nous l'obtenons, car, pour moi, tout en ayant l'œil partout attentif, et n'épargnant ni soins, ni peines, ni démarches, je reconnais que cette combinaison d'individualités et de circonstances est au-dessus des forces et de l'entendement de notre pauvre organisme. » La tâche de l'ambassadeur était d'autant plus difficile qu'il avait à marier non seulement la reine Isabelle, mais la sœur de la reine, l'infante doña Fernanda.

XXV

LE DUC DE MONTPENSIER.

Depuis le mariage du duc d'Aumale, il n'y avait plus parmi les fils de Louis-Philippe qu'un seul célibataire : le duc de Montpensier. Le roi chérissait particulièrement ce dernier-né, et fondait sur lui de grandes espérances. Il l'avait constamment auprès de lui, et le jeune prince avait pris le caractère, les manières, les gestes et jusqu'à la voix de son père. Antoine-Marie-Philippe-Louis d'Orléans, duc de Montpensier, était né à Neuilly le 31 juillet 1824. Après avoir fait, comme ses frères, ses études au collège Henri IV, il passa, en 1842, ses examens pour l'École polytechnique, et fut nommé sous-lieutenant d'artillerie. Lorsque le maréchal Bugeaud prépara, en février 1844, l'expédition de Biskara, le duc de Montpensier demanda d'y prendre part, et il reçut brillamment le baptême du feu, sous les ordres du duc d'Aumale. Les deux princes, à la tête d'une petite colonne de réserve, emportèrent vaillamment, le 15 mars, une position difficile et escarpée au-dessous de la gorge de l'Oued-el-Abiad. La belle conduite du duc de Montpensier, blessé légèrement près de l'œil gauche, lui valut la croix de la Légion d'honneur et quelque temps après le grade de chef d'escadrons. De retour en France, il accompagna son père, dans le voyage que le roi fit à Windsor. En 1845, il repartit pour l'Algérie comme lieutenant-colonel, et se distingua en combattant les Kabyles, dans l'Ouarensenis. Il s'embarqua ensuite à Alger pour faire un voyage d'instruction dans le Levant, et, partout accueilli avec de grands honneurs, il visita Tunis, Constantinople, Alexandrie, le Caire, Memphis, Rhodes, Smyrne et Athènes. Rentré en France, il fut nommé colonel du 5e régiment d'artillerie, puis maréchal de camp, commandant l'école d'artillerie de Vincennes.

Pendant que le jeune prince combattait et voyageait, le comte de Bresson négociait son mariage, non point avec la reine Isabelle, mais avec la sœur de la reine, l'infante Fernanda.

Ce fut le 26 novembre 1844, que M. Guizot parla pour la première fois de ce projet à l'ambassadeur. Il l'avisa en même temps que le mariage ne pourrait avoir lieu que lorsque la reine Isabelle serait mariée elle-même et aurait eu un enfant, c'est-à-dire quand sa sœur ne serait plus l'héritière de la couronne.

La reine Christine avait connu le duc de Montpensier à Paris. Elle le trouvait aimable, instruit et séduisant. Elle désirait l'avoir pour gendre, et aurait même voulu, ainsi que nous l'avons dit, le marier non point à l'infante, mais à la reine. Tel était aussi le vœu de Narvaez, alors premier ministre. Quand l'ambassadeur lui laissa entrevoir l'éventualité d'un mariage entre le duc de Montpensier et l'infante. « Pourquoi, s'écria-t-il, ne pas nous donner le duc pour notre reine ? C'est un prince élevé à la plus grande école, qui porte l'habit militaire. A la première nouvelle qu'il nous serait accordé, un frémissement de joie parcourrait toute l'Espagne. Ce mariage se ferait de telle façon qu'il ne porterait aucune perturbation dans la politique européenne ; on n'entreprend plus légèrement une guerre aujourd'hui pour une question de dynastie et contre un pays qui est dans son droit. » Malgré de pareilles instances, Louis-Philippe demeurait fidèle à la promesse qu'il avait faite à l'Angleterre. Mais il n'avait rien promis pour l'infante Fernanda. La reine Christine, désespérant de voir la reine épouser le duc de Montpensier, se réjouit à la pensée que le duc épouserait l'infante. Dès queNarvaez lui parla du projet de mariage, elle s'écria : « Pour l'amour de Dieu, ne laisse pas échapper ce prince, » et se répandant en témoignages d'affection pour Louis-Philippe et Marie-Amélie, elle insista sur le bonheur qui attendait sa seconde fille « au sein d'une famille si unie et si exemplaire ».

Les choses en étaient là quand, au mois de septembre 1845, la reine Victoria, accompagnée de Lord Aberdeen, chef du Foreign Office, vint faire à Louis-Philippe sa seconde visite au château d'Eu. Le roi et M. Guizot déclarèrent à Sa Majesté Britannique et à son ministre que le duc de Montpensier n'épouserait l'infante que lorsque la reine Isabelle serait mariée et aurait un enfant. Mais dans la pensée du roi, il demeurait bien entendu que cet engagement ne subsisterait que si aucun prince étranger à la maison de Bourbon n'était soutenu par le gouvernement anglais comme prétendant à la main de la reine ou de sa sœur.

La cour de Madrid attachait une grande importance au mariage de l'infante avec le duc de Montpensier. C'était, comme on disait alors, le seul moyen de fortifier celui de la reine avec l'infant François d'Assise. La reine Christine exigeait même que les deux unions fussent célébrées simultanément. Mais c'était précisément cette simultanéité qui, d'après les promesses faites par Louis-Philippe à la reine Victoria, devait être écartée. La négociation devenait donc très difficile. Si l'on n'accordait pas à la reine Christine la concession qu'elle demandait, tout était à

craindre. Cette princesse, froissée de se voir refuser le duc de Montpensier pour la reine, et
n'ayant en réalité pas plus de sympathie pour la
candidature de François d'Assise que pour celle
du comte de Trapani, s'était retournée du côté
de l'Angleterre. Au commencement de 1846,
il y avait à Lisbonne une sorte de congrès des
princes de Cobourg. Le prince Léopold y était
venu, avec son père, avec sa mère, avec son cousin Ernest II, duc régnant de Saxe-Cobourg-
Gotha, rendre visite à son frère le roi Ferdinand
de Portugal. Était-on sûr qu'il n'arriverait pas
secrètement et que son mariage avec la reine
ne serait pas mystérieusement conclu, puis annoncé officiellement, à la grande confusion de la
France ? C'est, au fond, ce que désirait le ministre
d'Angleterre à Madrid, Sir Henry Bulwer. La
reine Christine se mettait en rapport sinon avec
la reine Victoria, du moins avec le frère du prince
Albert, le duc de Saxe-Cobourg-Gotha. Elle écrivait à ce prince, alors à Lisbonne, pour lui demander si, au cas où son cousin le prince Léopold
épouserait la reine Isabelle, la cour de Madrid
pourrait compter sur l'appui de l'Angleterre pour
« soutenir le principe de l'indépendance de l'Espagne dans cette affaire espagnole avant tout, et
pour mitiger d'injustes ressentiments. » Ces « injustes ressentiments » c'étaient ceux de la France.
La reine Christine, cette tendre nièce de la reine
Marie-Amélie, la reine Christine qui avait reçu

à la cour des Tuileries un si cordial accueil, la reine Christine que la monarchie de Juillet avait toujours considérée comme une amie, une alliée, une protégée, presque une cliente, allait-elle donc faire le jeu de l'Angleterre et amener le triomphe du prince allemand ? Aux yeux du comte de Bresson, ce serait là « le coup le plus pénétrant, le plus sensible à l'honneur de la France et à l'orgueil, à l'existence peut-être de la dynastie ». Le vigilant ambassadeur était sur le qui-vive. Il n'avait jamais eu qu'une confiance limitée dans les assurances données par l'Angleterre. La reine Victoria, le prince Albert, Lord Alberdeen, le roi des Belges avaient déclaré qu'ils ne travailleraient pas au succès de la candidature du prince Léopold, mais ils n'avaient jamais promis que ce mariage n'aurait pas lieu. Le cabinet de Londres avait fait ses réserves au sujet de l'indépendance de l'Espagne. Par sa mère, la duchesse de Kent, la reine Victoria est une Cobourg. Le prince Albert et le roi des Belges étaient des Cobourg. Devait-on s'étonner qu'il y eût à Londres et à Bruxelles des sympathies pour un parent dont le succès serait celui de l'Angleterre ? Le comte de Bresson, si habile et si perspicace comprenait très bien tout cela. Il savait que la canditature du duc de Montpensier, dans les conditions que désirait la reine Christine, était la seule chance de succès pour la France ; que si le duc n'épousait pas l'infante, la reine Isabelle n'épouserait pas François d'Assise; que la reine-mère ne cessait de répéter qu'il fallait relever l'un des mariages par l'autre, et contenir les opposants par l'éclat du prince français et par la crainte de la France qui serait derrière lui, mais que cet effet moral ne serait produit que si les deux mariages étaient célébrés simultanément. Décréter que l'infante ne pourrait prendre un époux qu'après que la reine sa sœur se serait mariée et aurait eu un enfant c'était là, aux yeux de leur mère, une clause contraire à l'indépendance et à la dignité de la famille royale d'Espagne. Si la simultanéité des deux mariages était refusée, il ne fallait compter ni sur l'union de la reine Isabelle avec Don François d'Assise ni sur celle de l'infante avec le duc de Montpensier, et l'on pouvait s'attendre à voir le prince Léopold de Cobourg épouser tout de suite ou la reine ou l'infante. Le gouvernement anglais avait, il est vrai, blâmé officiellement son représentant à Madrid d'avoir agi trop ouvertement dans ce sens. Sir Henri Bulwer avait même donné sa démission, mais cette démission n'avait pas été acceptée. L'ambassadeur de France croyait que le désaveu n'avait eu lieu que pour la forme, et que l'Angleterre ne renonçait nullement à la candidature du prince allemand. Persuadé que le cabinet de Londres ne tenait pas ses engagements et que Louis-Philippe se trouvait ainsi délié des siens, il attendait avec impatience le moment où il pourrait faire partager cette opinion à son gouvernement et agir à Madrid comme il l'entendait. Don François d'Assise à la reine Isabelle, le duc de Montpensier à l'infante, les deux mariages conclus le même jour, tel était le programme du comte de Bresson. Il allait pour le faire prévaloir, engager une lutte diplomatique acharnée, où il devait mettre toute son adresse, toute sa vigueur, toute son audace.

XXVI.

LA LUTTE DIPLOMATIQUE.

Le ministère tory, qui entretenait, malgré les complications espagnoles, des relations courtoises avec la France, est tombé à la fin de juillet 1846. Les whigs reprennent le pouvoir. Lord Aberdeen, esprit conciliant et modéré, est remplacé, comme chef du Foreign-Office, par Lord Palmerston, diplomate de combat, dont le programme est de contrecarrer partout et toujours l'influence française. Ses instructions à Sir Henri Bulwer vont donner à la lutte entre les cabinets de Londres et de Paris un caractère aigu. Il désigne trois candidats à la main de la reine Isabelle comme pouvant être également acceptables : le prince Léopold de Saxe-Cobourg-Gotha et les deux fils de l'infant Don François de Paule, c'est à dire Don François d'Assise,. duc de Cadix, et Don Enrique, duc de Séville. Le gouvernement français considère cette approbation égale donnée par Lord Palmerston à trois candidats, parmi lesquels le prince allemand est placé en première ligne, comme une altération profonde de l'attitude et du langage de Lord Aberdeen. A la fin d'août, le nouveau chef du Foreign-Office déclare tout à coup que Don Enrique (celui que le duc de Montpensier a tué en duel) est le seul prince espagnol qui par ses qualités personnelles soit propre à devenir le mari de la reine. Don Enrique, exilé à cause de ses opinions politiques avancées, est l'homme des radicaux, le candidat de M. Olozaga et des réfugiés espagnols de Londres. Quant au prince Léopold de Cobourg, Lord Palmerston veut le marier à l'infante sœur de la reine. Il est résolu à empêcher par tous les moyens possibles l'union de l'infante avec le duc de Montpensier. D'autre part, la France a toujours déclaré qu'un prince étranger à la maison de Bourbon n'est pas plus admissible avec la sœur de la reine qu'avec la reine elle-même, et l'ambassadeur de Louis-Philippe, à Madrid, a pour instructions d'obtenir le mariage de l'infante avec le duc de Montpensier. L'antagonisme est donc absolu entre le programme anglais et le programme français.

Lord Palmerston a commis une faute. En prétendant imposer comme mari de la reine un prince radical tel que Don Enrique, il a indisposé

et irrité la reine Christine et le parti au pouvoir à
à Madrid. Voyant que cette candidature n'avait
aucune chance de succès, il s'est remis à patroner
celle du prince de Cobourg, qui au fond, a toujours été l'arrière-pensée de la famille royale
d'Angleterre. La reine Christine s'est retournée
du côté de la France, mais à la condition expresse
que les deux mariages, celui de la reine Isabelle
avec le duc de Cadix et celui de l'infante avec le
duc de Montpensier seront célébrés simultanément. Louis-Philippe avait promis, lors de sa
seconde entrevue avec la reine Victoria, que cette
simultanéité n'aurait pas lieu. Il voudrait, — et la
reine Marie-Amélie le voudrait aussi — rester fidèle
à cet engagement et désavouer le comte de Bresson, qui vient de promettre la simultanéité sans
laquelle le succès serait impossible. On finit par
persuader le roi qu'il est délié de son engagement,
puisque l'Angleterre manque au sien en patro-
nant la candidature du prince de Cobourg. Après
de longues hésitations, il se décide à accorder un
consentement qui lui a été arraché en quelque sorte, morceau par morceau. Le 27 août,
la reine Isabelle, agissant par raison plus que
par enthousiasme, dit à sa mère qu'elle ac-
cepte le duc de Cadix pour époux. Les ministres,
aussitôt avisés de cette décision, y ont donné
leur assentiment unanime, et la jeune reine leur
a notifié en même temps qu'elle accorde sa sœur
au duc de Montpensier. Il était deux heures du

matin. L'un des ministres est allé aussitôt réveiller l'ambassadeur de France pour lui annoncer la grande nouvelle. Le 4 septembre, M. Guizot écrit par le télégraphe au comte de Bresson : « Le roi approuve que le mariage de Mgr le duc de Montpensier avec l'infante soit célébré le même jour que celui de la reine avec Mgr le duc de Cadix. Vous pouvez rendre public le fait que vous avez signé avec M. Isturitz (le président du conseil des ministres espagnols) un engagement pour le mariage de l'infante avec le duc de Montpensier. » Le même jour, le double mariage est annoncé par le *Journal des Debats*.

Là-dessus, en Angleterre, explosion de fureur dans les sphères politiques, dans les journaux, dans le public, et surtout à la cour. De même qu'en 1870, le général Prim s'est flatté que l'empereur Napoléon III finirait par accepter la candidature du prince Léopold de Hohenzollern au trône d'Espagne, parce que ce prince a dans les veines du sang des Beauharnais et des Murat, de même la reine Victoria s'imaginait, en 1846, que Louis-Philippe se déciderait à agréer la candidature du prince Léopold de Saxe Cobourg-Gotha à la main de la reine Isabelle, parce que ce prince était le frère de la duchesse de Nemours, le beau-frère de la princesse Clémentine d'Orléans et le neveu par alliance de la princesse Louise d'Orléans, reine des Belges. Quand ils voient que Louis-Philippe est absolument résolu non seulement à repousser cette combinaison, mais à marier le duc de Montpensier à l'infante Doña Fernanda, qui tant que la reine sa sœur n'aura pas eu d'enfants, sera l'héritière de la couronne d'Espagne, les membres de la famille royale d'Angleterre, surtout le prince Albert, cousin germain du prince allemand, sont au comble du dépit. La reine Victoria, cousine aussi du prince évincé, n'est pas moins irritée que son époux.

Elle reçoit une lettre datée du 8 septembre par laquelle la reine Marie-Amélie lui annonce le mariage du duc de Montpensier comme un simple événement de famille, intéressant uniquement le bonheur de son fils chéri. Dans la même lettre, écrite sur le ton d'une familiarité amicale, la bonne reine demande si les pêches expédiées du château d'Eu sont arrivées à bon port. Sa Majesté Britannique répond en termes très secs : « Vous pouvez aisément comprendre que l'annonce soudaine de ce double mariage ne peut nous causer que de la surprise et un bien vif regret. Je vous demande pardon, Madame, de vous parler politique dans ce moment, mais j'ai toujours été sincère avec vous. » En vain Louis-Philippe essaie d'apaiser le courroux de la reine Victoria, par une très longue lettre justificative adressée par lui à sa fille la reine des Belges, et destinée à être montrée par elle à la souveraine anglaise : « J'y ai consacré, mandait-il à la reine des Belges, d'arrache-pied et sans regret trois nuits jusqu'à quatre heures du matin, malgré les cris de la reine, de ma sœur et de toute la famille, qui prétendaient que je me tuais... Je me serais volontiers soumis à encore plus de fatigue, s'il l'avait fallu, pour achever ce travail, tant a été profonde la peine que j'ai ressentie de la lettre de la reine Victoria et de l'injuste ressentiment dont je l'ai vue animée en cette affaire. » La souveraine de l'Angleterre répondit, sous la forme d'une lettre à la reine des Belges. Sa réponse, sans doute rédigée par le prince Albert, était une réfutation point à point des arguments de Louis-Philippe. Cette polémique royale s'arrête là. Mais celle des journaux continue avec une sorte de fureur. Il y a dans la presse anglaise de toutes les opinions, de toutes nuances, un de ces déchaînements de colère dont elle a le monopole. C'est comme un cataclysme d'injures et d'invectives. Les mêmes journaux qui, quelque temps auparavant, portaient aux nues le roi Louis-Philippe, le traînent aux gémonies. Ils l'accusent de mensonge, de déloyauté, d'imposture. Chose triste à constater, l'attitude des feuilles de l'opposition à Paris n'est rien moins que patriotique. Mécontentes de voir que le ministère vient de montrer précisément la hardiesse dont elles l'avaient déclaré incapable, elle lui reprochent maintenant d'avoir rompu l'alliance anglaise par un coup de tête et font le jeu de Lord Palmerston, qui, disent-elles, s'est assuré le concours de l'Europe pour empêcher au dernier moment le mariage du duc de Montpensier et de l'infante. Le mariage est, depuis plusieurs jours déjà, annoncé d'une manière officielle à Madrid et à Paris, et cependant à Londres, on se flatte encore qu'il n'aura pas lieu. Il a été décidé le 27 août. Le 18 et le 19 septembre, le Sénat et le Congrès ont adopté l'un à l'unanimité, l'autre à 159 voix contre une, des adresses de félicitations à la reine pour le mariage de l'infante sa sœur, comme pour le sien. Et le 27, la reine Victoria écrit encore à la reine des Belges : « Ma seule consolation est que ce projet, ne pouvant se réaliser sans produire de graves complications et sans exposer cette famille chérie (la famille d'Orléans) à beaucoup de dangers, elle reculera encore devant l'exécution. » Mais « la famille chérie » ne reculera pas. A une protestation en date du 22 septembre remise par l'ambassadeur d'Angleterre, Lord Normanby, à M. Guizot, celui-ci répond fièrement : « Le gouvernement du roi ne trouve aux représentations qui lui sont adressées aucun fondement grave et légitime; il ne saurait donc les admettre ni les prendre pour règle de conduite. » L'Angleterre ne réussit pas mieux à Madrid. A une protestation de Sir Henri Bulwer, M. Isturitz répond ainsi : « Le gouvernement britannique ne trouvera pas mauvais que l'Espagne repousse une-protestation qui tend à restreindre son indépendance, et qu'elle proteste à son tour contre la protestation que révèle cet acte. » Les instructions de Lord Palmerston à Sir Henri Bulwer se résument par un mot répété trois fois : « Agitez ! Agitez ! Agitez ! » Mais l'agitation rêvée par l'Angleterre ne se produit pas. Des pétitions organisées en Espagne contre le mariage du duc de Montpensier ne recueillent qu'un nombre insignifiant de signatures. Espartero ne reparaît pas en scène. Les carlistes ne bougent pas. En vain Lord Palmerston frappe aux portes des chancelleries européennes. L'Autriche refuse de s'associer à la protestation anglaise. La Russie et la Prusse imitent cette abstention. Il n'est plus possible de refaire la coalition de 1840. En vain Sir Henri Bulwer multiplie auprès de tous les hommes politiques ses démarches, à ce point que l'ambassadeur de France écrit à M. Guizot, le 29 septembre : « Ce n'est plus le ministre d'une grande cour, c'est un artisan d'émeutes et de conspirations. » Rien n'y fait. L'Angleterre va voir s'accomplir ce que Lord Palmerston appelle « l'acte le plus important d'ambition et d'agrandissement politique que l'Europe ait vu depuis l'Empire. »

Le 25 septembre a lieu l'audience solennelle que le comte de Bresson a sollicitée des deux reines pour obtenir de Leurs Majestés leur consentement officiel au mariage de l'infante avec le duc de Montpensier. Trois voitures de la cour escortées d'un détachement de cavalerie et d'une suite nombreuse en grande livrée de gala viennent prendre l'ambassadeur à son hôtel, et accompagné du chevalier d'Arana, introducteur des ambassadeurs, il se rend à la résidence royale. Sur la place du palais il y a des troupes rangées sur son passage, et les majordomes de service l'attendent au bas du grand escalier pour le complimenter. Les deux reines, entourées de leurs dames et des chambellans de service, le reçoivent debout, sur l'estrade du trône. Il leur adresse un discours auquel elles répondent. Puis la reine-mère envoie la marquise de Santa-Cruz, camarera mayor, chercher l'infante dans ses appartements. L'infante paraît. Après avoir demandé et obtenu le consentement des deux reines, elle répond dans les termes les plus gracieux à la demande qui lui est adressée par l'ambassadeur de France au nom du roi Louis-Philippe et du duc de Montpensier.

Le même jour, le comte de Bresson écrit à M. Guizot : « Parfaitement remise de la légère indisposition qui, pendant quelques jours, l'avait retenue dans ses appartements, Son Altesse Royale brillait aujourd'hui de toutes les grâces et de tous les charmes dont elle est ornée. Avant de me retirer, je lui ai remis, au nom de son auguste fiancé, le portrait du prince qu'elle a agréé avec une vive satisfaction. Beaucoup de personnes s'étaient réunies aux alentours du palais pour assister à l'arrivée du cortège qui vint me prendre et me ramener à mon hôtel. Partout sur mon passage, pendant le court trajet qui sépare l'ambassade de la résidence royale, j'ai pu recueillir les marques du respect qu'inspire ici le caractère du représentant du roi, et la satisfaction était générale de voir détruire par cette démarche officielle tous les doutes et toutes les inquiétudes que quelques esprits factieux cherchaient encore à faire naître sur la réalisation prochaine et la célébration simultanée des deux mariages. J'ai envoyé à M. le marquis de Malpica vingt mille réaux pour être distribués aux divers services des écuries royales et une somme égale pour les pauvres à M. le duc de Veragua, corregidor de Madrid. » Le duc d'Aumale et le duc de Montpensier sont en route pour l'Espagne. Le comte de Bresson écrit à son père, le 4 octobre : « J'attends après-demain nos princes qui sont partout accueillis avec joie et cordialité. Nous répondrons par des faits aux calomnies et aux bravades des journaux anglais. Nous entrerons à Madrid à cheval. Le *Daily News* dit que c'est pis pour l'Angleterre que si elle eût perdu la bataille de Waterloo. Ton vieux sang français se réchauffera à la pensée que c'est ton fils qui a pris cette éclatante revanche. »

XXVII.

L'ARRIVÉE DES PRINCES FRANÇAIS EN ESPAGNE.

Le duc d'Aumale et le duc de Montpensier ont quitté Paris le 28 septembre 1846. Le 2 octobre ils arrivent à la Bidassoa. La moitié du pont appartient à la France, l'autre moitié à l'Espagne. Comme l'a dit Alexandre Dumas, « on peut, en écartant les jambes au milieu de ce pont, avoir un pied sur l'Espagne et un pied sur la France, sans compter que dans cette position on aura au-dessous de soi la fameuse île des Faisans, dans laquelle Mazarin tint ses conférences avec Don Luis de Haro, et où fut décidé le mariage de Louis XIV avec l'infante Marie-Thérèse ». Depuis la veille d'inquiétantes rumeurs ont couru des deux côtés des Pyrénées. Sur le territoire français on a dit que des bandes armées ont paru dans les provinces basques. Sur le territoire espagnol on a prétendu que des partis s'organisaient en France pour entrer en Espagne. Les princes ne tiennent aucun compte de ces bruits alarmants. Ils apparaissent à la frontière pleins de confiance. Tous deux sont revêtus de l'uniforme d'officier général avec le grand cordon de la Légion d'honneur. Le duc d'Aumale porte, en outre, l'ordre de la Toison d'Or que la reine Isabelle lui a conféré, l'année précédente, à Pampelune.

Il est neuf heures et demie du matin. Du haut de la montagne Louis XIV, une batterie française ébranle les échos des vallées voisines. Une batterie espagnole lui répond. Un arc de triomphe en verdure a été dressé au milieu du pont de la Bidassoa, avec les drapeaux unis de France et d'Espagne et cette inscription : « La très noble province de Guipuzcoa à Leurs Altesses Royales les ducs d'Aumale et de Montpensier. » Les princes sont reçus sous l'arc de triomphe par le duc d'Ahumada et les marquis d'Arana, de Pavar et de Santa-Cruz, envoyés par la reine Isabelle pour les complimenter en son nom et les accompagner jusqu'à Madrid. Ils prennent ensuite la route d'Irun, où ils arrivent au milieu des acclamations. L'alcade, M. d'Olozabal, leur offre un déjeuner servi, suivant la coutume du pays, par de belles jeunes filles, vêtues de blanc, coiffées en cheveux. Après le déjeuner, ils partent pour Tolosa. Ils trouvent un nouvel arc de triomphe à la porte de cette ville et y descendent dans la maison que Don Carlos habitait, lors de la guerre carliste. Sous les fenêtres s'avance un cortège de jeunes garçons revêtus de tuniques blanches brochées d'or, portant au front des diadèmes étoilés et à la main un luth. Ils chantent une cantate dont voici quelques strophes :

« Nobles princes de France, Aumale et Montpensier, vous apportez parmi nous l'allégresse ; soyez les bienvenus, recevez les chants joyeux de la Guipuzcoa.

« Digne fils du roi Louis-Philippe, Montpensier, dont les qualités aimables assurent le bonheur de notre infante chérie, recevez nos félicitations, nos vœux pour vous et pour elle. Les belliqueux enfants des Pyrénées, fidèle avant-garde de l'Ibérie, vous rendent leurs hommages d'affection et d'alliance.

« Soyez heureux, nobles époux, et que de nouveaux rejetons de deux illustres races viennent embellir les royales demeures. »

Des jeunes gens et des jeunes filles recrutés parmi les meilleures familles dansent un fandango. Le soir, on tire un feu d'artifice.

Le duc de Glucksberg, qui est allé au-devant des princes, envoie au préfet des Basses-Pyrénées un courrier porteur d'une lettre, où il dit :

« Le succès est complet, immense, il a dépassé toute attente. Tous les villages sont pavoisés, les cloches en branle, les municipalités viennent partout à la rencontre des princes. Partout des cris, des vivats, des drapeaux entrelacés, un véritable *enthousiasme*, le mot n'est pas trop fort. Le ballon est lancé, rien ne pourra l'arrêter. Toute la députation vient de dîner avec l'alcade chez les princes. On est enchanté d'eux et ils sont enchantés de tout. Ils font les choses avec une générosité royale, ce qui produit le meilleur effet. Ils font tourner la tête à tous les Espagnols. On les adore déjà. »

Les princes partent de Tolosa, le matin du 3 octobre. Les voitures sont attelées de six mules. Dès que les côtes deviennent plus raides, des couples de bœufs avec leurs *boyeros* sortent, comme par enchantement, de la montagne, et se joignent aux mules. Partout, les populations accourent avec leurs alcades et leurs curés. A Bergara, on loge chez le comte de Villafranca, à Vittoria chez le marquis Espeleta. Dans les deux villes, toutes les cloches retentissent, toutes les maisons sont pavoisées.

Le 6 octobre est le jour fixé pour l'entrée des princes à Madrid. Le comte de Bresson va au-devant d'eux jusqu'à San-Agustin, à quarante kilomètres environ de Madrid. A une demi-lieue des portes de la capitale, ils trouvent des chevaux et des voitures de la cour. On leur laisse le choix du mode de leur entrée. Ils décident de la faire à cheval. En route, ils rencontrent le général Sanz, ministre de la guerre, avec une escorte de généraux; un peu plus loin, le capitaine général de

la Nouvelle-Castille, puis, toute la municipalité
(ayuntamiento) dans des voitures à sa livrée,
entourée de ses massiers et de ses alguazils à
cheval. Le duc de Véragua, corrégidor, harangue
le duc de Montpensier. Le prince remercie l'ayuntamiento de son empressement à lui apporter ses
vœux, et ajoute qu'il a été vivement ému de les
entendre si bien exprimés par le dernier descendant de Christophe Colomb. Les voitures
municipales entrent dans le cortège qui reprend
sa marche, grossi de minute en minute par une
foule de brillants équipages et de cavaliers élé-
gants. L'ambassadeur suit les princes ; la tête de
son cheval est entre les croupes des leurs. Des
troupes de toutes armes forment une double haie
et ont peine à contenir la multitude immense
des piétons. Le temps est magnifique ; il y a partout un air de fête. Les hommes se découvrent ;
les femmes agitent leurs mouchoirs, les acclamations retentissent. Plusieurs fois les princes
se retournent vers l'ambassadeur pour lui exprimer la satisfaction que leur cause un accueil
auquel ils n'étaient pas préparés par les rumeurs
malveillantes et qui avaient été répandues. A
trois heures et demie ils arrivent sur la place du
palais, et mettent pied à terre dans la cour d'honneur, où tous les officiers de la reine sont venus
les recevoir. Suivis de leur cortège, ils montent
le grand escalier, traversent la salle du trône, et
entrent seuls dans la chambre de la reine, où Sa

Majesté les attend avec sa mère et sa sœur.

Le même jour, le comte de Bresson écrit à M. Guizot : « Après la présentation de la suite des princes et de tous les personnages et dames de la cour qui étaient présents, les princes ont été amenés à l'ambassade par les voitures de Sa Majesté. Le repos qui leur a été accordé n'a pas été long; il était cinq heures, et à six heures et demie, Leurs Altesses Royales étaient invitées à dîner en frac au palais, avec toute leur suite. Elles s'y sont rendues dans les voitures de l'ambassadeur. Jamais je n'ai vu autant de gaieté et de cordialité répandues dans cet intérieur royal, chacun était frappé de l'air de bonheur de la reine Christine; la jeune reine était aussi plus expressive que de coutume, la jeune infante ravie, et les infants et infantes Don François de Paule très naturels et bienveillants. A neuf heures et demie les princes sont revenus chercher un repos dont ils avaient grand besoin à l'ambassade qui était pavoisée, illuminée et entourée d'une foule nombreuse. Enfin, cher ministre, la journée a été excellente, complète, je pourrais m'étendre en descriptions poétiques, et je resterais dans la vérité; mais je fuis tout ce qui pourrait ressembler à de l'exagération. Je ne saurais vous énumérer toutes les félicitations qui nous ont été adressées, dans la chambre de la reine par les grands, les dames du palais et les principaux personnages de l'Etat. »

Les princes logèrent à l'ambassade de France jusqu'après la célébration des deux mariages. Le comte de Bresson avait alors sous ses ordres comme premier secrétaire le duc de Glucksberg, plus tard duc Decazes ; comme second secrétaire le baron de Talleyrand, qui a été l'ambassadeur de Napoléon III à la cour de Russie ; et comme attaché le frère de la comtesse de Bresson, le comte de Comminges-Guitaud, qui a été, sous le second empire, ministre de France à Berne, et a épousé une cousine germaine de l'impératrice Eugénie.

Alexandre Dumas était venu à Madrid avec son fils, alors âgé de vingt-deux ans, pour assister aux fêtes des mariages espagnols. Voici comment l'illustre romancier, dans ses *Impressions de voyage*, parle du personnel de l'ambassade de France. « M. Bresson, dit-il, est un homme de haute taille, au visage grave et froid, à la tête haute, comme on aime à la voir à tous ceux qui s'étant faits ce qu'ils sont, ont le droit de la porter ainsi. La fermeté de l'ambassadeur dans toute cette grande affaire du mariage avait été admirable ; il ne s'était laissé intimider ni par les menaces de Lord Palmerston, ni par la vente mobilière de M. Bulwer. Il faut vous dire que M. Bulwer, dont l'intention était de changer de logement et de se meubler à neuf, vendait ses vieux meubles, pour faire croire qu'il déménageait, non pas d'une rue à une rue, mais d'un

royaume à un autre royaume... J'avais vu Glucksberg tout enfant, juste à l'époque où Boulanger
faisait son portrait, et j'avais hâte de le revoir
pour parler avec lui de son père. » Alexandre
Dumas disait du baron de Talleyrand : « Vous
savez si plus charmant esprit a jamais animé
plus spirituelle figure. Talleyrand est un véritable
secrétaire d'ambassade, et surtout d'ambassade
en Espagne. Aussi, je vous le dis tout bas, Talleyrand a-t-il à Madrid toutes sortes de succès dans
sa manière de représenter la France. » Enfin il
s'exprimait ainsi au sujet du comte de Comminges-
Guitaud : « Guitaud est le descendant de ce bon
et brave Guitaud, si dévoué à la reine d'Autriche,
celui qui fut le poignet de fer choisi pour saisir
au collet ce prince de Condé qui faisait trembler
toute cette petite cour du Palais-Royal... Le
jeune Guitaud est un beau et fier garçon de vingt-
deux ans, sachant la valeur du nom qu'il porte,
et tout prêt à se dévouer à une reine, si une
reine avait besoin de son dévouement. Avis aux
jeunes reines de l'Europe. » Et le grand romancier se résumait ainsi : « J'avais trouvé une ambassade comme il n'en existe nulle part. »

Le 7 octobre, le duc d'Aumale et le duc de
Montpensier se rendirent le matin au palais, et
accompagnèrent la famille royale à la messe.
Dans la journée, ils reçurent les officiers de la
garnison. Le duc de Montpensier dit au capitaine général : « Je suis de plus en plus content

des liens qui vont m'unir à cette héroïque nation espagnole appelée à conserver dans l'avenir la place élévée qu'elle n'a pas cessé d'occuper dans les pages de l'histoire. » Le duc avait servi avec plusieurs officiers du génie espagnol, envoyés par leur gouvernement en Algérie. Il se les fit présenter voulant, disait-il, revoir ses camarades de campagne. Puis les deux princes, montrant la plus grande confiance dans la population, qui leur en savait gré, se promenèrent en berline sans escorte. Le soir, les salons de l'ambassade de France renfermaient toutes les sommités de la société espagnole.

Le duc de Montpensier était ravi de sa fiancée. Lorsqu'il l'avait aperçue pour la première fois, il s'était retourné vers le duc d'Aumale, en s'écriant : « Oh ! elle est encore bien mieux que son portrait ! » « J'ai vu le duc, écrivait Alexandre Dumas ; il a été charmant comme toujours, et a trouvé moyen de dire un mot aimable à chacun de nous. Mes amis s'étonnaient qu'un si jeune prince eût déjà cette charmante flexibilité de paroles qui trouve pour chacun ce qu'il faut dire à chacun. C'est que rien ne donne de l'esprit comme le bonheur et que le duc de Montpensier me paraissait le prince le plus heureux du monde. »

Dans la soirée du 9 octobre, la reine Isabelle, la reine Christine, les ducs d'Aumale et de Montpensier, les membres de la famille de l'infant Don

François de Paule, les ministres espagnols et
l'ambassadeur de France signèrent les contrats de
mariage. Les témoins étaient du côté de l'Espagne : les ducs de Bailen, de Rianzarès, de Cas-
tro-Terreno et de Valence; du côté de la France :
le duc d'Aumale, le général baron Atthalin, le
comte de Bresson et le colonel Thierry. Les deux
mariages devaient être célébrés le lendemain,
10 octobre, jour où la reine Isabelle allait avoir
seize ans révolus.

XXVIII.

LA CÉLÉBRATION DES DEUX MARIAGES

Le mariage de la reine Isabelle avec l'infant Don François d'Assise, duc de Cadix, et celui de l'infante Luisa Fernanda avec le duc de Montpensier furent célébrés le 10 octobre 1846, à neuf heures du soir, au palais, dans la salle du trône. La reine portait une robe de moire blanche à dentelles d'argent, avec un diadème, un collier, une ceinture de diamants, et sur sa poitrine le grand cordon de l'ordre de Marie-Thérèse. L'infante Luisa Fernanda avait une robe de la même couleur et du même genre que celle de la reine, mais un peu moins riche. L'infant Don François d'Assise portait l'uniforme de capitaine général, avec pantalon blanc à bandes d'or, et, parmi ses décorations étrangères, on remarquait le grand cordon de la Légion d'honneur. Son bâton de commandement était en nacre avec un gros diamant à la

poignée. Le duc de Montpensier était en uniforme
de général français, avec pantalon blanc collant
et bottes à l'écuyère, et il portait le collier de la
Toison d'Or. Sa belle prestance produisit une
heureuse impression quand il fit son entrée dans
la salle du trône, cette salle magnifique avec son
plafond couvert d'admirables peintures, ses riches
tentures de velours rouge entrecoupées de glaces
dans des encadrements d'or sculpté. Au milieu de
la salle, sur le trône surmonté d'un dais, on avait
placé deux fauteuils, l'un pour la reine Isabelle, l'autre pour sa mère, la reine Christine.
A gauche du trône, au bas de l'estrade, étaient
plusieurs fauteuils destinés aux infantes et aux
deux princes français. Un peu plus loin se tenaient les dames de la reine Isabelle, et, au milieu d'elles, deux Françaises, la comtesse d'Hulst
et la comtesse de Bridieux, chargées d'accompagner en France la duchesse de Montpensier.
Après la place des dames était celle des prélats.
Deux hérauts d'armes, en costume riche et pittoresque, se tenaient debout, de chaque côté
du trône. A droite les grands d'Espagne avec
leurs fils aînés, les ministres, les présidents
du Sénat et du Congrès ; en face, le corps diplomatique. Un autel avait été dressé dans la
salle. Les deux reines descendirent du trône
puis s'approchèrent de cet autel, où le patriarche des Indes donna la bénédiction nuptiale,
d'abord à la reine Isabelle et au duc de Cadix,

ensuite au duc de Montpensier et à l'infante. La reine et son époux prononcèrent avec timidité le *oui* sacramentel. Le duc de Montpensier répondit en espagnol d'une voix claire et ferme. Le comte de Bresson écrivait, le soir même à M. Guizot : « La cérémonie a été grave et touchante, et a laissé dans tous les cœurs une profonde émotion. »

Le lendemain, 11 octobre, dans l'église de Notre-Dame d'Atocha, aura lieu la grande solennité que les Espagnols appellent *Las Velaciones*. C'est une nouvelle consécration du mariage, suivie d'une grand'messe et environnée de toutes les pompes de l'Église. C'est aussi un grand jour de fête populaire, à laquelle on peut dire que la ville tout entière est conviée. Dès le matin, toutes les rues par lesquelles doit passer le cortège royal, se sont spontanément pavoisées. A chaque balcon sont attachées des étoffes qu'on laisse flotter au vent. Les grands d'Espagne y ajoutent leurs armoiries. Celles du marquis Alcanicès brillent sur le velours à toutes les fenêtres de son hôtel. Les balcons qui garnissent les maisons mettent en quelque sorte leurs habitants au dehors et animent singulièrement l'aspect de la ville. La population est en liesse. Il y a partout des distributions gratuites de comestibles. Des fontaines versent à flot les unes du lait, les autres du vin. Sur des théâtres en plein air bondit tour à tour la danse nationale des quatorze grandes provinces d'Espagne. Chaque groupe de danseurs est réellement de la province qu'il représente. Aux danses succèdent les simulacres de combats entre Maures et chevaliers espagnols, entre soldats du roi Boabdil et paladins de Ferdinand le Catholique. Comme il n'y a pas assez de danseurs pour remplir toutes les estrades à la fois, quand un groupe a accompli dans une rue ou sur une place le nombre de figures qu'il doit exécuter, il se met en route, musique en tête, pour aller chercher une autre scène et d'autres spectateurs. Écoutons encore Alexandre Dumas, témoin oculaire. « Alors les fenêtres se garnissent de têtes de femmes aux épaules nues, aux cheveux lisses et luisants comme des ailes de corbeau ; sur ces cheveux, d'un noir bleu, s'épanouit ardente quelque rose pourpre, quelque camélia cerise ou quelque œillet cramoisi... Rubens, ce peintre au nom et au cœur de flamme, dut être bien heureux lorsque, envoyé en Espagne comme ambassadeur, il vit flamboyer à ses yeux ce magnifique arc-en-ciel qui forme la population bariolée de Madrid. Là, chaque vêtement semble une palette chargée des tons les plus hardis, qui s'allient sans jamais se heurter. Si l'on pouvait voir les rues de Madrid en passant à vol d'oiseau, à un quart de lieue au-dessus d'elles, on les prendrait, j'en suis certain, pour un immense parterre tout étoilé de fleurs. »

Il est midi moins un quart. Le bruit du canon et le son des cloches annoncent que les époux

viennent de quitter le palais pour se rendre à
l'église de Notre-Dame d'Atocha. Le cortège
s'avance dans l'ordre suivant :

Un détachement de la garde civique à cheval
ouvrant la marche ;

Les différentes musiques des régiments de
cavalerie ;

Les timbaliers, les clairons et les massiers de
la maison royale vêtus de brillants costumes et
montés sur des chevaux superbes ;

Les grands d'Espagne dans des carrosses qui
semblent tirés des écuries de Louis XIV ;

Le duc d'Aumale, seul dans une voiture que
précèdent deux cavaliers et que suivent un écuyer
et un officier commandant une escorte ;

L'infant don François de Paule, beau-père de
la reine Isabelle ;

Le duc et la duchesse de Montpensier, dont la
voiture, comme celles du duc d'Aumale et de
l'infant don François de Paule, est précédée de
deux cavaliers, suivie d'un écuyer et d'une escorte ;

Quatre cavaliers du régiment Marie-Christine
et un courrier aide de camp à cheval précédant
le magnifique carrosse où se trouve la reine-mère,
« dont la satisfaction maternelle, suivant les
expressions de la *Gazette de Madrid*, ne peut
qu'intéresser un peuple qui conserve de si
agréables souvenirs des deux époques mémo-
rables où cette princesse présida aux destinées
du pays » ;

Précédés par quatre cavaliers et un piqueur, et séparés de leur escorte par le capitaine général et son état-major, la reine et son époux, dans un superbe coupé; les panaches qui se balancent sur la tête des chevaux sont blancs, « couleur, dit encore la *Gazette de Madrid*, qui peint si bien la céleste candeur de l'auguste mariée ».

Rien n'égale la magnificence de ces voitures de gala. Empanachés et splendidement caparaçonnés, les attelages sont menés à grandes guides par des cochers et des postillons revêtus d'éclatantes livrées.

Un détachement de cavalerie ferme la marche.

Toutes les rues où passe le cortège sont ornées de riches tentures depuis l'Arco de Palacio jusqu'à la promenade d'Atocha devant l'église, où il arrive à une heure et demie.

« Les habitants de la capitale des Espagnes, est-il dit dans la *Gazette de Madrid*, vont assister à un spectacle grandiose. Une reine, objet de l'amour et du respect d'un peuple enthousiaste de ses souverains, et une princesse non moins chérie de ce peuple, unies déjà la veille par des liens indissolubles à deux augustes princes, dignes de l'honneur qu'ils ont reçu, vont ratifier solennellement leurs serments et recevoir le voile nuptial, en présence de la reine des anges, représentée par la miraculeuse image que les habitants de Madrid vénèrent depuis des siècles. »

Le patriarche des Indes, mitre en tête, la crosse à la main, entouré d'un clergé nombreux au milieu duquel on remarque les archevêques de Tolède et des Canaries, les évêques de Coria et de la Havane, reçoit Sa Majesté Catholique sous le portail et lui offre l'eau bénite. Puis, prenant un des anneaux qu'il a bénis il le passe au doigt annulaire de François d'Assise, qui passe l'autre anneau à la main de la reine. La même cérémomie a lieu pour le duc et la duchesse de Montpensier. Le patriarche conduit ensuite les époux aux places qui leur sont réservées près de l'autel. La reine porte une robe de dentelle blanche travaillée d'or, avec un diadème. La toilette de la duchesse de Montpensier est la même. D'après un antique usage, les deux robes appartiendront à Notre-Dame d'Atocha.

L'église, où sont suspendus les drapeaux des anciens régiments, est resplendissante de lumières. En face du corps diplomatique, où le comte de Bresson occupe en avant, par privilège, et comme ambassadeur de famille, une place d'honneur, se tiennent les grands d'Espagne, la tête couverte. Derrière eux on remarque six personnages portant le même uniforme galonné d'or. Ce sont les Monteros de Espinoza. Il y a plusieurs siècles que la famille de ce nom, ayant rendu un service signalé à une comtesse de Castille, (la Castille n'était pas encore un royaume) obtint pour récompense de veiller chaque nuit à la porte de la comtesse. Depuis lors cette coutume s'est perpétuée. Chaque soir, le majordonne de semaine se retire à une certaine heure, et laisse à un ou deux Monteros la garde de Sa Majesté. Les membres de cette famille ont leur place marquée dans les solennités royales.

Le patriarche des Indes commence la cérémonie des *Velaciones*. C'est une messe de mariage suivant le rite romain. Seulement, le poêle, au lieu d'être étendu au-dessus des époux, comme jadis en France, enveloppe la tête de la mariée et vient se poser sur l'épaule du marié, et on les attache l'un à l'autre avec un ruban blanc et rose. A la fin du dernier Evangile, le patriarche dit au mari de la reine : « Je donne à Votre Majesté une compagne et non une servante, aimez-la comme Jésus-Christ aime son Eglise. » Il adresse les mêmes paroles au duc de Montpensier. L'office se termine par un *Te Deum*. Reconduit avec la même pompe jusqu'à la porte du sanctuaire, le cortège rentre au palais dans le même ordre et par les mêmes rues. Un soleil magnifique resplendit.

A trois heures, a lieu une course de taureaux. La reine Isabelle et son époux n'y assistent pas. Mais la reine Christine y paraît et y reçoit une ovation. Le soir, toute la ville est illuminée, et la famille royale se rend au Buen-Retiro, pour voir tirer un feu d'artifice.

Le lendemain, 12 octobre, la feuille officielle

publiait un décret en vertu duquel l'infant Don François d'Assise, tout en n'ayant, d'après la constitution, aucune part aux affaires du royaume, prenait les titres honorifiques de roi et de Majesté. En même temps paraissait ce décret de la reine : « Voulant donner un témoignage public de ma royale estime au comte de Bresson, pair de France et ambassadeur extraordinaire du roi des Français près de ma personne, et pour perpétuer dans sa famille le souvenir du mariage de ma sœur bien-aimée Doña Luisa Fernanda, union à laquelle il a pris part comme plénipotentiaire, j'ai bien voulu concéder à son fils, mon filleul Philippe de Bresson, la grandesse d'Espagne de première classe, franche de tout redevance, avec le titre de duc de Sainte-Isabelle pour lui, ses enfants et successeurs de sa maison, de l'un et l'autre sexe, issus de légitimes mariages. » A ce propos, l'ambassadeur écrivait à son père : « Je trouve si honorable la distinction qui m'est accordée dans la personne de mon fils que j'ai déclaré que, pour moi-même, je n'accepterai ni titre, ni présent, ni décoration. Il faut savoir se borner si l'on veut conserver de la dignité. »

Dans la journée, il y eut au palais un baisemain auquel plus de deux mille personnes assistèrent dans la grande salle des ambassadeurs. La reine et son époux étaient assis sur un trône à la gauche duquel on avait placé deux fauteuils, l'un pour l'infante Doña Luisa Fernanda, duchesse de Montpensier, l'autre pour l'infant Don François de Paule, père du mari de la reine. Le duc de Montpensier se tenait debout derrière le fauteuil de l'infante sa femme. Pendant le baise-main une foule immense couvrait les places de l'Arsenal et de l'Orient, où les musiques de tous les régiments se faisaient entendre à tour de rôle. Parmi les plus beaux équipages on remarquait ceux des ducs de Frias, de Medina-Cœli, de San Lorenzo, d'Ossuna, de l'ambassadeur de France, des marquis de Miraflores, de Viluma, de Valgomera.

Il y avait alors à la cour de Madrid une jeune fille de vingt ans (elle était née à Grenade le 20 mai 1826), dont la rare beauté excitait une admiration générale. C'était Mlle Eugénie de Montijo, la future Impératrice des Français. Le duc d'Aumale se trouvait à Naples, il y a peu d'années, en même temps que la veuve de Napoléon III. Il alla présenter ses respects à l'infortunée souveraine, et lui rappela l'année 1846 où il l'avait vue pour la première fois, lors des fêtes qui suivirent les mariages espagnols. « Comme Votre Majesté, dit le duc, était une belle jeune fille ! — Et vous, Monseigneur, reprit l'Impératrice, vous étiez un bien beau cavalier ! » Mais revenons à ces fêtes dont le fils du roi Louis-Philippe évoquait le souvenir avec tant de courtoisie.

Le 13 octobre, il y eut des illuminations splen-

dides. Alexandre Dumas écrivait le lendemain :
« Décidément, Madrid est la ville des miracles.
Je ne sais pas si Madrid a toujours de pareilles
illuminations, de pareils ballets, de pareilles
femmes, mais ce que je sais c'est qu'il me prend
de terribles envies, maintenant que, grâce aux
précautions prises, mon existence matérielle est
assurée, de me faire naturaliser Espagnol et
d'élire domicile à Madrid. Qui n'a pas vu le
Prado illuminé hier soir ne sait pas ce que
c'est qu'une illumination ; qui n'a pas vu à la
lueur de ces illuminations passer les vingt char-
mantes femmes dont je pourrais vous dire les
noms, ne se doute pas de ce que c'est qu'une
réunion de fées ; qui n'est pas entré au théâtre du
Cirque et n'a pas vu danser le jaleo de Xérès à la
Guy Stephen, ne se doute pas de ce que c'est
que la danse. » La longue avenue du Prado,
analogue à celle des Champs-Elysées de Paris,
était en flammes. Seulement, au lieu de figurer
les festons traditionnels et les accolades officielles,
comme à Paris le 1er mai et le 29 juillet, ces
flammes jaillissaient sous toutes les couleurs et
affectaient toutes les formes : cathédrales, fleurs,
châteaux gothiques, palais mauresques, guirlandes, étoiles, soleils. Et le romancier ajoutait :
« On eût dit que notre système planétaire tout
entier s'était groupé pour donner une fête à notre
pauvre globe. »

Les princes français restèrent encore une

semaine, qui se passa en fêtes, en dîners de gala, en soirées au théâtre, en visites dans Madrid ou dans les environs. Le départ du duc d'Aumale eut lieu le 20 octobre, celui du duc et de la duchesse de Montpensier le 22. La reine Isabelle et la famille royale conduisirent le duc et la duchesse jusqu'au bas du grand escalier du palais. Les deux sœurs versaient d'abondantes larmes, et s'embrassaient avec effusion. Le duc était très ému ; il prit congé de sa royale belle-sœur de la manière la plus affectueuse et il baisa la main de la reine Christine. La duchesse suivit longtemps des yeux le palais où s'était passée toute sa vie, et où elle avait reçu tant de témoignages d'affection de la nation espagnole. Le même jour l'ambassadeur de France écrivait à M. Guizot. « Je reste tout seul ; monseigneur le duc et madame la duchesse de Montpensier sont partis ce matin ; la séparation des reines et de l'infante a touché tous ceux qui en ont été témoins ; c'était une douleur vraie, jeune, expansive chez ces deux sœurs dont l'enfance s'était écoulée au milieu de tant de vicissitudes et d'épreuves, et qui, pour la première fois, voyaient les apprêts d'un voyage qu'elles ne faisaient pas en commun. M. le duc de Montpensier, par des soins affectueux, par des attentions délicates, cherchait à donner un autre cours à ses pénibles émotions, et quand je l'ai revu à une demi-lieue de Madrid, où j'étais allé l'attendre, déjà les traits de l'infante avaient repris du calme, et les larmes tarissaient dans ses yeux. » La grande lutte diplomatique engagée entre le comte de Bresson et sir Henri Bulwer était terminée. L'ambassadeur du roi Louis-Philippe avait lieu d'être fier. Il triomphait sur toute la ligne.

XXIX

L'APOGÉE DU RÈGNE DE LOUIS-PHILIPPE

Marie-Amélie attendait avec impatience l'arrivée de sa nouvelle belle-fille, dont on lui disait tant de bien. Voir le dernier de ses enfants marié à une sœur de la reine d'Espagne, de Sa Majesté Catholique, était pour elle la plus grande des satisfactions. Les mariages des trois aînés, le duc d'Orléans, la reine des Belges, la princesse Marie de Wurtemberg avaient été des unions mixtes. Marie-Amélie avait souffert de cette triple dérogation à l'ancienne coutume de la maison de France qui prohibait de pareilles unions. Mais ses cinq autres enfants, le duc de Nemours, la princesse Clémentine, le prince de Joinville, le duc d'Aumale, le duc de Montpensier avaient fait des mariages purement catholiques, et la pieuse reine était maintenant au comble de ses vœux. Elle était persuadée que son époux venait d'accomplir un acte politique en harmonie avec les plus nobles traditions de la France, et qu'il était le digne continuateur de son ancêtre Louis XIV.

Le voyage du duc et de la duchesse de Montpensier s'accomplissait lentement, au milieu d'ovations. L'ambassadeur d'Espagne à Paris, M. Martinez de la Rosa, les accompagnait. A Bayonne on leur offrait un dîner de quatre-vingts couverts, et l'on tirait un feu d'artifice en leur honneur. A Bordeaux, la ville organisait un bal superbe au Grand-Théâtre. A Blois, on leur faisait la réception la plus brillante. Le 4 novembre 1846, à deux heures et demie de l'après-midi, ils arrivaient au château de Saint-Cloud, et y trouvaient toute la famille royale réunie pour les recevoir.

Les princes et les princesses souhaitèrent la bienvenue à leur jeune belle-sœur en lui offrant un album renfermant des dessins, œuvres des peintres français les plus célèbres. Quarante-trois compositions figuraient dans cette collection où étaient représentés Ingres, Paul Delaroche, Ary Scheffer, Eugène Delacroix, Horace Vernet, Decamps, Flandrin, Robert Fleury, Charlet, Alfred de Dreux, Couder, Bellangé, Gudin, Isabey, Meissonier, Théodore Rousseau, etc. La nouvelle mariée, qui n'avait pas encore quinze ans, produisit la meilleure impression à la cour des Tuileries. M. Guizot écrivit au comte de Bresson le 7 novembre : « Le succès de la personne est aussi complet que le succès de l'événement. Tout le monde trouve Mme la duchesse de Monpensier charmante, je dis tout le monde dans la famille royale, dans le conseil, dans le public, encore peu nombreux, qui a eu l'honneur de la voir. Charmante de visage et de manières, simple et digne, un peu de timidité et point d'embarras. Vous n'avez nul besoin de descriptions ; c'est la première impression qui vous intéresse. Jamais il n'y en a eu de plus favorable. Je voudrais que toute l'Espagne vît et entendît, à commencer par M. Isturitz et M. Mon, qui ont pris à l'événement une si grande part. Ils seraient contents. »

On peut dire que les mariages espagnols furent l'apogée du règne de Louis-Philippe. La fierté que M. Guizot en ressentait perce dans cette lettre que l'habile ministre adressait à l'une de ses amies : « Soyez sûre que j'ai fait une grande et belle chose. J'aurais autant aimé à n'avoir pas à la faire, car elle ne sera point gratuite. Mais il n'y avait pas moyen ; il fallait choisir entre un grand succès ou un grand échec, entre la défaite et le prix de la victoire. Je n'ai pas hésité. L'événement s'est accompli admirablement, comme un programme de fête, sans que tout le bruit, toutes les attaques, toutes les menaces, toutes les menées du dehors aient réussi à le déranger dans un détail ou à le retarder d'un jour. Je reste avec un lourd fardeau sur les épaules, mais en bonne position pour le porter. Nous continuerons de grandir en Europe, de grandir sans nous remuer, et personne ne touchera à nous. Je n'ai jamais eu plus de confiance. Lord Palmerston a compté sur quatre choses : 1° que nous reculerions ; 2° qu'il y aurait une forte opposition dans les Cortès ; 3° qu'il y aurait des insurrections ; 4° qu'il aurait l'adhésion des cours du continent. Quatre mécomptes. Le dernier lui est très amer. En 1840, pour la misérable question d'Egypte, l'Angleterre a eu la victoire en Europe. En 1846, sur la grande question d'Espagne elle est battue, et elle est seule. Ce n'est pas seulement parce que nous avons bien joué cette partie-ci ; c'est le fruit de six ans de bonne politique ; elle nous fait pardonner notre succès, même par les cours qui ne nous aiment pas. » Marie-Amélie, qui portait un grand intérêt aux choses diplomatiques, partageait l'opinion de M. Guizot.

La reine se félicitait également de la politique intérieure qui prévalait en France. Les idées conservatrices y étaient en honneur. L'ordre matériel régnait partout. Les élections générales de 1846 avaient donné au ministère une très considérable majorité, qui s'était affirmée d'une manière éclatante, dès le 19 août. Le candidat du gouvernement pour la présidence de la Chambre des députés, M. Sauzet, avait été élu par 223 voix, contre 98 données à M. Odilon Barrot, le candidat de l'opposition. La cause de la monarchie constitutionnelle semblait définitivement gagnée. Les cours européennes comptaient avec la dynastie de Juillet. Louis-Philippe parlait et agissait en roi. On était bien loin des allures démocratiques et populaires qui avaient caractérisé les commencements du règne. Marie-Amélie, grande dame par excellence, se félicitait d'un changement auquel son influence n'avait pas été étrangère. Son époux ressemblait non plus à un roi bourgeois, mais à un souverain d'ancien régime. En culotte courte, avec l'ordre de la Jarretière, ce n'était plus le roi des barricades. C'était un monarque puissant qui tenait ses sujets à distance. Personne ne se serait permis avec lui les familiarités de 1830. Les Tuileries avaient fait disparaître les souvenirs du Palais-Royal.

Heureuse comme reine, Marie-Amélie l'était également comme épouse, comme mère et comme aïeule. Son mari lui témoignait une affection et une confiance sans bornes. Ses enfants étaient des modèles de piété filiale. Elle voyait avec joie s'accroître chaque année le nombre de ses petits-enfants. Dans un espace d'un peu plus de trois ans, elle n'en reçut pas moins de huit dans ses bras : trois en 1844 : le prince Philippe de Saxe-Cobourg-Gotha, fils de la princesse Clémentine, le 28 mars; le duc d'Alençon, fils du duc de Nemours, le 12 juillet; la princesse Françoise, fille du prince de Joinville, actuellement duchesse de Chartres, le 14 août; trois en 1845 : le duc

Louis-Auguste de Saxe-Cobourg-Gotha, fils de la princesse Clémentine, le 9 août ; le duc de Penthièvre, fils du prince de Joinville, le 4 novembre ; le prince de Condé, fils du duc d'Aumale, le 15 novembre ; deux en 1846 : la princesse Marguerite, fille du duc de Nemours le 16 février, et la princesse Clotilde de Saxe-Cobourg-Gotha, fille de la princesse Clémentine, le 8 juillet. Au dire de M. Trognon « la reine n'attendait pas pour aimer ces innocentes créatures, qu'elles-mêmes eussent appris à la connaître et à l'aimer. Elle avait, pour lui emprunter son propre langage, « l'amour du maillot. » C'était un bonheur pour elle de prendre ces petits êtres des mains de leurs nourrices, de les remuer, de chercher dans leurs yeux un regard, sur leurs lèvres un sourire, d'épier le premier éveil de leur intelligence. Quand ils étaient devenus un peu plus grands, et qu'ils commençaient à marcher, elle se faisait un plaisir de les conduire au roi, et le roi voulait que, sur les bras de leurs bonnes, ils vinssent, ne fût-ce que pour quelques minutes, prendre leur place au dîner de famille, le jour de sa fête, afin que la réunion fût plus complète. Il va sans dire que les tendresses de la vénérable aïeule ne s'épuisaient pas toutes sur les babies. Chaque fois que la reine des Belges venait à Paris, elle savait qu'amener ses enfants avec elle était ce qu'elle pouvait faire de plus agréable pour sa mère. Les trois enfants de la reine des Belges : le prince royal (Léopold II), né le 9 avril 1835, le prince Philippe, comte de Flandre, le 24 mars 1837, la princesse Charlotte (veuve de l'empereur du Mexique, Maximilien), le 7 juin 1840, témoignaient déjà en 1846, une vive tendresse à leur grand'mère.

Marie-Amélie s'occupait avec autant de sollicitude que la duchesse d'Orléans, elle-même, des deux enfants de son fils tant regretté et tant pleuré : le comte de Paris, né le 24 août 1838, et le duc de Chartres, le 9 novembre 1840. La reine avait auprès d'elle un autre petit-fils qu'elle chérissait. C'était le prince Philippe de Wurtemberg, né à Neuilly le 30 juillet 1838, le fils de cette idéale princesse Marie, dont la mort prématurée causa tant de larmes. « Non seulement, a dit encore M. Trognon, la reine aimait cet enfant de tout son amour pour la fille qu'elle avait perdue, mais elle se croyait obligée envers lui à tous les devoirs de la maternité. Elle n'avait fait pour ses propres fils rien de plus que ce qu'elle fit pour lui, veillant sans cesse sur sa santé, sur les premiers développements de son caractère, sur les commencements de son éducation religieuse, sur tout ce qui eût fait l'objet des sollicitudes de sa mère, si Dieu la lui eût conservée. » Et M. Trognon, ajoute, en parlant des petits-fils de Marie-Amélie : « Ces enfants, qui sont aujourd'hui des hommes et des pères de famille, ont gardé de la bonté affectueuse de la reine un souvenir qui ne s'effacera jamais. »

Les vertus de Marie-Amélie lui avaient mérité le respect même des adversaires les plus acharnés de son mari. Elle avait élevé une famille qui semblait être pour la dynastie la meilleure garantie de durée. Un trône défendu par des princes de la valeur du duc de Nemours, du prince de Joinville, du duc d'Aumale et du duc de Montpensier, paraissait être solidement établi. Avec une majorité aussi forte que celle qui était sortie des nouvelles élections, personne n'aurait pu croire qu'une révolution ou même une crise parlementaire fussent prochaines. Marie-Amélie, si inquiète aux débuts du règne, envisageait l'avenir avec confiance à la fin de 1846, et ne prévoyait ni les agitations de 1847, ni surtout la catastrophe de 1848.

Sans doute il y avait dans l'état politique et social du pays beaucoup de choses qui affligeaient la reine. Elle trouvait qu'une partie de la bourgeoisie oubliait trop ses devoirs envers le paysan et l'ouvrier, que les hommes enrichis par la spéculation irritaient le prolétariat par leur indifférence et leur égoïsme, qu'on s'occupait trop du pays légal et trop peu de l'ensemble du peuple, que le goût des jouissances matérielles prenait d'inquiétantes proportions, que les tendances mercantiles de la littérature étaient le symptôme d'un abaissement des âmes, que le succès malsain du roman-feuilleton donnait beaucoup à réfléchir, qu'il était triste de voir l'organe de la cour, le *Journal des Débats,* publier un roman socialiste tel que les *Mystères de Paris*, d'Eugène Süe, que la société était travaillée par un mal mystérieux et terrible, et qu'un cri de révolte, d'envie, de fureur commençait à répondre d'en bas, au culte du veau d'or qui régnait en haut. Constatant avec peine l'antagonisme qui existait entre le camp des pauvres et le camp des riches, Marie-Amélie aurait voulu, comme Ozanam « qu'au nom de la charité les chrétiens s'interposassent entre les deux camps, qu'ils allassent, transfuges bienfaisants, de l'un à l'autre, obtenant des riches beaucoup d'aumônes, des pauvres beaucoup de résignation, et qu'on vît enfin les deux camps, jetant leurs armes de colère, marcher à la rencontre l'un de l'autre non pour se combattre, mais pour se confondre, s'embrasser et ne plus faire qu'une bergerie sous un seul pasteur, *unum ovile, unus pastor.* » Hélas ! ce beau rêve était loin de se réaliser. Mais la reine se disait qu'en fin de compte, et malgré certains fâcheux symptômes, la situation matérielle et morale du pays s'était sensiblement améliorée depuis les premiers jours du règne. Il y avait dans les campagnes et dans les villes plus de bien-être, l'ouvrier était mieux nourri, mieux vêtu, plus payé. Les salaires avaient à peu près doublé en quinze ans. Le gouvernement avait donné une grande impulsion aux travaux publics. Le mouvement du commerce avait plus que doublé. La France suivait le conseil de M. Guizot, elle s'enrichissait. En même temps, Louis-Philippe, soutenu par un ministère essentiellement conservateur, faisait prévaloir au dedans comme au dehors une politique d'ordre et de sécurité. Il n'était plus question de persécuter la religion, et le temps était loin où les prêtres n'osaient pas se montrer dans les rues en soutane. La reine trouvait que les congrégations et le clergé n'avaient pas encore une place assez grande dans l'enseignement public, mais elle constatait avec joie les progrès qu'avaient faits les idées religieuses.

L'optimisme dominait dans les sphères politiques. Les alarmistes, qui prédisaient sans cesse des cataclysmes, avaient été tant de fois démentis par les événements qu'on ne faisait plus guère attention à leurs lugubres pronostics. Il y avait cependant un de ces pessimistes qui entrevoyait dans l'avenir non seulement la seconde république, mais la troisième et la Commune. Henri Heine, le poète-prophète, le *vates* des anciens, avait écrit, le 11 décembre 1841 : « Un flâneur ordinaire, qui n'est pas grand politique, et ne se soucie guère de la nuance Dufaure ou Passy, mais d'autant plus de la mine du peuple dans les rues, un flâneur de ce genre ne peut se défendre de la conviction certaine que le jour n'est pas éloigné où toute la comédie bourgeoise, en France, avec ses héros et comparses de la vie parlementaire prendra une fin terrible au milieu des sifflements et des huées, et qu'on jouera ensuite un épilogue intitulé le Règne des Communistes. » Le 20 juin 1842, Henri Heine avait été plus précis encore dans sa prédiction : « Communiste, écrivait-il alors, est le nom secret de l'adversaire formidable qui oppose le règne des prolétaires dans toutes ses conséquences au régime actuel de la bourgeoisie. Ce sera un épouvantable duel. Comment se terminera-t-il ? C'est ce que savent les dieux et les déesses dont la main pétrit l'avenir. Pour notre part, nous savons seulement que le communisme, bien qu'il soit peu discuté à présent, et qu'il traîne son existence souffreteuse dans des mansardes cachées sur sa couche de paille misérable, est pourtant le sombre héros à qui est réservé un rôle énorme, quoique passager, dans la tragédie moderne, et qui n'attend que la république pour entrer en scène. »

Un autre poëte, Lamartine, prédisait bien, de temps à autre, je ne sais quelles perturbations épiques et colossales. Mais les parlementaires traitaient tout cela de chimères, d'utopies. Les prophètes de malheurs les faisaient sourire. Comme l'a dit M. Saint-Marc Girardin, « tout le monde se laissait prendre aux apparences décevantes du gouvernement représentatif, apparences d'autant plus décevantes que comme elles ont leurs agitations de tribunes et leurs troubles d'assemblées, l'inquiétude que causent ces troubles et ces agitations fait croire qu'il n'y a pas à craindre de dangers plus grands et plus sérieux. Les fossés qu'il fallait chaque jour éviter sur la route nous cachaient, chose étrange, le précipice qui nous attendait. » Marie-Amélie partageait le sentiment de son entourage. Elle pensait que son mari, Nestor des souverains de l'Europe, trouverait dans sa vieille expérience le moyen d'éviter toutes les crises, de résoudre toutes les difficultés.

Les optimistes s'écriaient, à la fin de 1846 : D'où le danger pourrait-il venir ? Où trouver dans l'horizon un seul point noir ? De l'étranger, il n'y a rien à craindre. Louis-Philippe a définitivement pris place dans le concert des empereurs et des rois. Lord Palmerston est de mauvaise humeur, mais sa mauvaise humeur passera, et d'ailleurs ses récriminations n'ont aucun écho dans les cours de l'Europe. A la Chambre l'opposition est dynastique. On se dispute les portefeuilles, on ne songe point à renverser le trône. Il n'y a parmi les députés qu'une poignée de légitimistes, et personne au Palais-Bourbon ne se dit républicain. On parle souvent de l'empire, mais il n'y a pas encore d'impérialistes, Berryer n'espère pas plus l'avènement d'Henri V que Ledru-Rollin la proclamation de la république. Le 25 mai 1846, Louis Bonaparte, déguisé en maçon avec une planche sur l'épaule, s'est échappé de la forteresse de Ham. Mais, à peine arrivé à Londres, il a écrit au comte de Sainte-Aulaire, ambassadeur de France, pour l'assurer de ses intentions pacifiques et « se défendre de vouloir renouveler des tentatives qui avaient été si désastreuses. » Quiconque aurait prédit alors que l'homme de Strasbourg et de Boulogne, comme on l'appelait alors avec dédain, serait dans deux ans et demi, et par les voies légales, le chef du gouvernement français aurait passé pour fou. Depuis les incidents de Belgrave square en 1843, le comte de Chambord avait fait peu parler de lui. Son mariage avec une fille du duc de Modène, célébré en Autriche le 16 novembre 1846, n'avait donné lieu à aucune manifestation inquiétante pour le gouvernement de Juillet. L'opinion la plus répandue était alors que les Bourbons de la branche aînée finiraient en exil comme les Stuarts, et que l'œuvre de 1830 en France serait aussi durable que celle de 1688 en Angleterre. Mais elles sont vaines les prévisions des hommes habiles. Ce qui arrive c'est l'imprévu, l'invraisemblable, ce qu'on croyait l'impossible. La politique est comme une vaste maison de jeu où surgissent les plus étranges combinaisons. Le même phénomène s'est produit pour Napoléon Ier, pour Charles X, pour Louis-Philippe, pour Napoléon III. C'est l'heure où ils se complaisaient dans leur sagesse et où leurs adversaires semblaient le plus découragés qui a été le prélude des catastrophes. A tous on pourrait appliquer les saisissantes paroles de Bossuet : « O homme, que penses-tu faire et pourquoi te travailles-tu vainement? — Mais je saurai bien m'affermir et profiter de l'exemple des autres; j'étudierai le défaut de leur politique et le faible de leur conduite, et c'est là que j'apporterai le remède. — Folle précaution! car ceux-là ont-ils profité de l'exemple de ceux qui les précédèrent? O homme! ne te trompe pas; l'avenir a des événements trop bizarres, et les pertes et les ruines entrent par trop d'endroits dans la fortune des hommes pour pouvoir être arrêtées de toutes parts. Tu arrêtes cette eau d'un côté, elle pénètre de l'autre, elle bouillonne même par-dessous la terre. Vous croyez être bien muni aux environs, le fondement manque par en bas, un coup de foudre frappe par en haut. » Comme par une ironie du sort, les plus grands succès des gouvernements sont parfois le signal de leur chute. Après la prise d'Alger la révolution de Juillet, après les mariages espagnols le 24 février, après le plébiscite le 4 septembre. On dirait que la Providence, se moquat des empereurs et des rois, prend plaisir à les frapper de surprise et de stupeur par ses décrets inattendus.

FIN

TABLE DES MATIÈRES

Paris. -- Imprimerie PAUL DUPONT, 4, rue du Boulol (Cl.) 56.10.93.